»Wenn ich an einem Sommerabend in Venedig Arm in Arm die knittrigen Falten der Straßen entlangschlendere, wenn mich dabei gelegentlich der unerwartete Duft einer Gardenie anweht, fühle ich mich aberwitzig glücklich. Im Fenice-Theater brüten, wenn im September die Konzertsaison wieder beginnt, danach spät zu Abend essen, unter einem Schleier von Weinlaub und Moskitos bei Tisch einschlafen, während das Fleisch und die Welt tranchiert und verteilt werden, und zum Murmeln des Gesprächs und zum Geräusch sich kräuselnder Wellen wieder erwachen – ich fühle mich sehr zu Hause. Am Fenster zu sitzen und das Kommen und Gehen auf dem Rio della Guerra zu beobachten hat wenig von Arbeit. Ich schreibe gern in Venedig, ungeachtet der ständigen Unterbrechungen, denn ich mag die Idee, hier zu schreiben, so sehr, daß sie zum Ansporn wird.«

Die englische Schriftstellerin Lisa St Aubin de Terán zog 1986 mit ihrer Familie nach Venedig. Ihr stimmungsvoller Bericht beschreibt Erfahrungen, die eine Fremde in einer der faszinierendsten und schönsten Städte der Welt gemacht hat.

insel taschenbuch 2609
Lisa St Aubin de Terán
Venedig

Lisa St Aubin de Terán

# VENEDIG

*Die vier Jahreszeiten*
*Aus dem Englischen von*
*Ebba D. Drolshagen*
*Mit farbigen Fotografien*
*Insel Verlag*

insel taschenbuch 2609
Erste Auflage 2001
© Insel Verlag Frankfurt am Main und Leipzig 1996
Textcopyright © Lisa St Aubin de Terán 1992
Hinweise zu dieser Ausgabe am Schluß des Bandes
Vertrieb durch den Suhrkamp Taschenbuch Verlag
Umschlag: Michael Hagemann
Satz: Hümmer GmbH, Waldbüttelbrunn
Druck: Konkordia, Bühl
Printed in Germany

1  2  3  4  5  6  –  06  05  04  03  02  01

# Inhalt

Einleitung 9

Frühling Carnevale 21

Sommer belagert 45

Die Herbst-Nebel 77

Nagender Winter 105

Epilog 129

# EINLEITUNG

*Allein der Gedanke, ein Stück der
schönsten Stadt der Welt zu kaufen,
schien wie ein Sakrileg. Es wäre,
als ginge man in eine Nationalgalerie,
deutete auf einen phantastischen
Rembrandt und sagte: »Das
Gemälde nehme ich. Würden Sie
es bitte einpacken und mir ins
Hotel schicken?«*

Als ich Venedig zum ersten Mal besuchte, mit sechzehn, war ich von seiner Schönheit so überwältigt, daß mein flüchtiger Besuch mich verwirrte; es erweckte mich aus dem Larvendasein der Heranwachsenden und ließ mich zu etwas werden, das mehr einem literarischen Schmetterling ähnelte. Viele Jahre später kehrte ich nach Italien zurück, um dort zu leben und seßhaft zu werden. Bis dahin hatte ich mich treiben lassen wie ein Piratenschiff in unruhigen Gewässern. Ich durchkämmte die ligurische Küste auf Lord Byrons verblichenen Spuren, suchte wahre Liebe und eine Villa. Ich wollte etwas, das meiner Liebe für welkende Pracht entgegenkäme: Italien ist der geeignete Ort für architektonische Flirts. Das ›gefährliche und liebreizende Venedig‹ schien eine naheliegende Wahl, und doch kam ich niemals auf den Gedanken, dort nach einem Ankerplatz zu suchen.

Allein der Gedanke, ein Stück der schönsten Stadt der Welt zu kaufen, schien wie ein Sakrileg. Es wäre, als ginge man in eine Nationalgalerie, deutete auf einen phantastischen Rembrandt und sagte: »Das Gemälde nehme ich. Würden Sie es bitte einpacken und mir ins Hotel schicken?« Ich lebte bereits vier Jahre in Italien, als ich entdeckte, daß es nicht nur möglich war, ein Stück dieser unschätzbaren Stadt zu mieten, sondern sogar eines zu kaufen. Binnen vier Wochen waren meine Familie und ich dorthin gezogen, in die Ecke eines Klosters zwischen Santa Maria Formosa und San Marco. Der Gondoliere, der uns zu unserem Wasserportal am Rio della Guerra lotste, informierte unterwegs auf den Kanälen seine Kollegen rufend, wobei sich sein verschliffener Dialekt hinzog wie die schlappenden Wellen hinter seinem Heck: »Diese Leute sind Venezianer … *Veneziani!*«

Ich lehnte über einem reglosen Kanal, der Duft von Glyzinien hing betörend in der Abendluft, und ich glaubte, im Paradies zu sein. Venedig hat seine Belohnungen und sein Fegefeuer: Es braucht viel mehr als das Rufen eines freundlichen Gondoliere, um Venezianer zu werden. Davor liegt eine zermürbende bürokratische Tretmühle, dann muß man noch zahlreiche Prüfungen bestehen, deren es bedarf, um einer elitären und geheimen Gesellschaft beizutreten. Dieses Buch ist eine sehr persönliche Darstellung Venedigs, wie ich und meine Familie es von innen sehen. Es unternimmt nicht den Versuch, jemanden durch die Schatzkammer der Sehenswürdigkeiten der Stadt zu führen. Es ist wie ein Blick auf das Innere einer Auster, und zwar mit den Augen eines Sandkorns, das es geschafft hat, neben einer Perle Platz zu nehmen.

Henry James schrieb über Venedig: ›Es ist nur allzu bekannt, daß nichts mehr darüber zu sagen ist … Der Canal Grande birgt ebensowenig Geheimnisse wie unsere eigene Hauptstraße, der Name San Marco ist ebenso vertraut wie das Klingeln des Postboten. Es ist jedoch nicht verboten, von Vertrautem zu sprechen.‹

Seit 1892, als James es für angebracht hielt, sich dafür

zu entschuldigen, daß er seine Kapitel einem bereits derart umfangreichen Buch anfügte, sind den Tempeln und Palästen der Stadt noch Dutzende gewidmet worden. Die Gebäude sind nahezu unverändert. Was sich verändert hat, ist die Welt rundum, und dies macht Venedig jetzt, da wir uns auf das einundzwanzigste Jahrhundert zubewegen, erst recht einmalig. Auch die früheren Scharen halbnackter und halbverhungerter Venezianer haben sich verändert; jener Venezianer, die in den schmutzigen Kanälen nicht meterlang Seidenbrokat hinter ihren Gondeln herschleppten; jener, die nicht von goldenen Tellern aßen, die sie anschließend in den Kanal warfen. Diese ›Zugvögel‹ sind verschwunden: nach Amerika, Australien und Mailand. Es gibt einen neuen Wohlstand in Venedig, einen Wohlfahrtsstaat, der unabhängig ist vom verschwenderischen Reichtum der sagenumwobenen Familien.

Ehemals wären alle Besucher als Voyeure aufgefallen, als gut genährte Besucher, die ihre hungrigen Gastgeber betrachteten. Jetzt kann man in die Menge der verbliebenen achtzigtausend Venezianer eintauchen mit der Kameraderie befreundeter Widerstandskämpfer, die gemeinsam der modernen Zeit, dem steigenden Wasser, den Flutwellen, der Verschmutzung und der endlosen Touristeninvasion trotzen. Bis die Zeit der Initiation vorüber ist, wird man mit Gleichgültigkeit, Mißtrauen oder Verachtung behandelt. Dann aber kann man leben wie die meisten Venezianer, und das heißt nicht, sich über einen Balkon am Canal Grande lehnen. Es ist ein Leben irgendwo im weniger prachtvollen Labyrinth mit dessen kleineren Kanälen und *rii*.

Was mich ursprünglich nach Venedig lockte, war die Literatur, die darüber geschrieben worden war, Dichtung und Briefe und Rhapsodien des Stolzes, die viele Jahrhunderte lang zu ihrem Preis komponiert worden waren. Allein das Wort war in meiner Phantasie so exotisch (und unerreichbar) wie Shangri-La und Xanadu. Meine Vorstellung von Shangri-La wurde vom Kino zerstört, das dieses Paradies auf eine Weise darstellte, die ihm sein Geheimnis raubte und es zu einem Witz machte. Der Gedanke an Xanadu verblaßte, aber die Vorstellung von Venedig gedieh, angefacht durch seine Katastrophen und das ihm drohende Schicksal eines lebenden Atlantis. Noch bevor ich das erste Mal nach Venedig reiste, war es für mich der Inbegriff der Romantik.

Ich bin aufgewachsen wie der wandernde Jude, und so habe ich auch den größten Teil meines Lebens verbracht, in meinen Adern fließt das Blut vieler Rassen und Nationen, daher fällt es mir schwer, mich in irgendeiner Gemeinschaft anders als ein wenig fremd zu fühlen. Dies liegt, da bin ich sicher, mehr an meinem Wissen darüber als an allem anderen. Doch was auch der Grund sein mag, Ruhe fand ich früher nur in ständiger Bewegung. Länger als einige Monate an einem Ort zu bleiben, war in der Vergangenheit gleichbedeutend mit Inhaftierung. Diese *Wanderlust* ist mit den Jahren stärker geworden; bevor ich mich in Venedig niederließ, war ich mit meinen Kindern im Schlepptau fünf Jahre lang ständig auf Reisen gewesen. Schönheit und Dekadenz der *Serenissima* mit ihrer ganzen welkenden Eleganz waren es, die mich anfangs an ihrem modrigen Busen hielten.

Ich zog 1988 hierher, mit dem schottischen Maler

Robbie Duff-Scott, meiner (damals) vierzehnjährigen Tochter und meinem fünfjährigen Sohn. In den beiden Jahren, die unserem Umzug vorangingen, waren wir anscheinend von überdurchschnittlichem Pech verfolgt. Von dem Augenblick an, als wir den Damm passierten und die Tanks von Mestre hinter uns ließen, die wie riesige Baumwoll-Spulen, jede mit einer Goldsträhne, dahockten, fanden wir uns vom Sicherheitsnetz der Lagune beschützt. Danach waren viele unserer Sorgen nur noch surrealer Natur; sie entstanden durch das bizarre bürokratische Hindernisrennen, das in Venedig zum Kauf einer Immobilie gehört.

Mein eigenes Gespür für den Unterschied von Realität und Phantasie war nie besonders ausgeprägt. Mein Leben in Venedig hat nichts getan, um dies zu ändern. Im Gegenteil, es hat meinen Hang zum Erfinden verstärkt: Die Venezianer sind allesamt historische Phantasten, sie vermischen Reales und Erfundenes aus ihrer Vergangenheit und behandeln dieses Gebräu als Teil ihrer Gegenwart. Sie sind Illusionisten (die mitunter mit Lügnern verwechselt werden, allerdings zu Unrecht, denn zum Lügen gehört der Wunsch, zu betrügen, während hinter dem Phantasieren eher der Wunsch steckt, zu glauben).

Beispielsweise ist die *Idee* des Karnevals hier viel stärker als seine angestrebte Realität. Das Bedürfnis nach Masken und Maskeraden scheint für Venedigs Überleben unabdingbar, doch das zeigt sich weniger in den Papiermaché-Masken, die von jeder nur möglichen Ladenecke und Theke baumeln, als im ewigen, inneren Spiegeln einer Stadt, die selbst eine Abfolge von Masken ist, von den großartigen Fassaden, die ein totes Museum

*Abendstimmung*

vermuten lassen, während hinter ihnen sich ein geheimes Leben rührt, bis zu den Palästen, die auf Wasser gebaut sind.

Früher lagen zwischen den Mauern Hunderte von Holzgebäuden. Die meisten wurden inzwischen abgerissen und aus dauerhafterem Material wiedererrichtet. Einer der letzten Überreste dieser Elendsviertel und Nischen ist die Gondel-Werft. Neben einem Holzhaus auf Pfählen liegt am Wasser ein Vorhof, der jedes Frühjahr zum Leben erwacht wie ein Ameisenhaufen, den man aufgestört hat. Früher mußten Gondoliere mit einem Hungerlohn über die Runden kommen, doch auch das hat sich geändert, jetzt verdienen sie sehr gut, wenn auch fast nur während der Saison. Trotz ihrer anmutigen Tätigkeit sind sie nicht problemlos ins zwanzigste Jahrhundert hinübergeglitten. Tatsächlich gab es Zeiten, da waren ihre Trunkenheit, Unflätigkeit und Frechheit so berüchtigt, daß sie vom Untergang bedroht waren. Solche Sorgen sind vorüber – aber es gibt in Wänden und an Ecken immer noch kleine Kästen, die sehr geschäftsmäßig aussehen, die aber nichts als Unmengen Wein enthalten. Es stimmt zwar, daß Gondeln fast nie zusammenstoßen und ihre Ruderer sie mit erstaunlicher Präzision durch die Kanäle navigieren, aber einmal saß ich am frühen Abend in einer Gondel und erklärte gerade meinem hocherfreuten Gast diese Kunstfertigkeit, als unsere Gondel gegen eine Mauer krachte.

Gondoliere erben ihre Arbeit und ihren Ankerplatz, und sie sind zu Recht auf ihre Fähigkeiten stolz, die sie zusammen mit ihrem Code leiser, erstickter Rufe von Generation zu Generation weitergeben. Das *centro storico* versucht nicht, auf industriellem Gebiet zu konkurrieren – es gibt Mestre, das genug giftige Dämpfe und Qualm für beide Seiten der Lagune ausspuckt –, aber es gibt einige Familienbetriebe von spezialisierten Handwerkern. Man kann in Venedig Matratzen kaufen, die von Hand gestopft und genäht sind, und es gibt Werkstätten von der Größe einer Besenkammer, in der Bilderrahmen von Hand geschnitzt und mit echtem Gold belegt werden. Es gibt allerdings wenig Arbeit, vom Tourismus, dem Dienstleistungsgewerbe sowie der allgegenwärtigen Spitzenherstellung abgesehen. Einige Bewohner sind Künstler, die wie ich beschlossen haben, hier zu wohnen; viele von ihnen sind Ausländer und die meisten nur vorübergehend hier. Als ich mich vor drei Jahren in Venedig niederließ, gab es hier nur zehn weitere Briten mit erstem Wohnsitz. Meine vierköpfige Familie mit Kindermädchen ließen diese Zahl um fünfzig Prozent anwachsen.

Das gesellschaftliche Leben in Venedig scheint um ständige Rendezvous zu kreisen sowie um kurze Gespräche auf der Straße. Die beliebtesten Treffpunkte sind offenbar die Piazza San Marco, der Campo San Bartolomeo und der Ponte dell'Accademia. Jeder Tag füllt sich wie eine Ballkarte mit Verabredungen. Und diese Verabredungen sind häufig auch ebenso kurz wie ein Tanz: Man trifft sich, küßt sich, redet und verschwindet dann wieder in den Gassen. Den Tag über kommen Menschen zusammen und zerstreuen sich wieder in einer Choreographie sozialer Kontakte, der eigene Tagesablauf wird kunstfertig mit dem anderer Leute verwoben. Es ließen sich leicht Ausflüge und Essen arrangieren, für die man nicht ständig die ganze Innenstadt durchqueren müßte, dies aber geschieht selten. Hier scheint niemand, egal wie alt, des Umherlaufens überdrüssig zu werden. Und alle sind sich einig, daß Venedig die wunderbarste Stadt ist, die sie je gesehen haben und ›nicht überstürzt verlassen werden‹, wenn sie es irgend vermeiden können.

# FRÜHLING CARNEVALE

*Im bröckelnden und fleckigen Stuck
der Fassaden sehe ich die Reste ehemals
kostbarer Gewänder, sie ziehen ihre
nassen Säume über glatte Stufen,
die mit den Gezeiten steigen und fallen,
vom Gurgeln und Klatschen des
Kanalwassers um ihren schleimgrünen
Marmor begleitet.*

In diesem Winter hat es in Venedig wieder geschneit. Die Flocken zischten in die salzigen Kanäle und lagen früh-morgens in Flecken auf den *campi*. Statt Autos, die das jungfräuliche Weiß zu teefleckigem Matsch besudeln, gibt es hier nur die schmalen Schneisen der Fußgänger: grünbemantelte Venezianer im Gänsemarsch, die Köpfe steif über den hochgeschlagenen Krägen, die Körper in Jackenschichten gepackt. Vor ihnen haben Arbeiter in Anoraks und Ölzeug, von Grappa-gewürzten Atemwol-ken umgeben, Tapsen in den ersten Schnee gemacht. Hinter ihnen stapfen frühe Touristen, denen der Kopf auf den Schultern schwimmt, wenn sie an den Fassaden entlanggucken.

Als im vorigen Jahr endlich der Mann von der Tele-fongesellschaft SIP kam, um unser Telefon anzuschließen und uns damit ›in den Club aufzunehmen, dem jeder Ve-nezianer angehört‹, fragten wir ihn, ob es in Venedig jemals schneie. Seine Antwort war abschlägig. Er ließ an-klingen, Schnee sei etwas durch und durch Fremdländi-sches, aufgrund des Salzes in der Luft *könne* er gar nicht bis hierher vordringen. Und doch hat es in diesem Jahr in Venedig zweimal geschneit, und nach den zahlreichen Postkarten mit einem verschneiten Markusplatz und ver-täuten Gondeln im Schneetreiben zu urteilen, hat es in der Vergangenheit schon oft geschneit. Offenbar teilen die Venezianer die allgemeine Amnesie der Italiener in bezug auf das Wetter. Sobald die Sonne herauskommt, verdampft mit ihrer Wärme jede Erinnerung an kalte Tage. Die Kälte verschwindet, aber die Feuchtigkeit bleibt, ihre Flecken durchdringen Papier und Farbe, sie verzieht Holz, preßt chemische Salze durch Mauerwerk und Stein und produziert dabei einen Sommerschnee, der fein wie Puderzucker und durchdringend wie die Winterkälte ist.

Venedig ist als Stadt derart orchestriert, daß selbst die Jahreszeiten von einem erfahrenen Dirigenten hinter der Bühne arrangiert zu sein scheinen. Die Ankunft des Frühlings bildet keine Ausnahme. Die einheimische Population träger Tauben und einsamer eingesperrter Kanarienvögel vergrößert sich über Nacht durch einen Zustrom von Schwalben und Mauerseglern, und manchmal trillert in einem versteckten Garten eine Amsel Liebeslieder im Sopran. Die Knoten scheinbar toter Weinranken, die Mauern und Balkone schmücken, entrollen von Cannaregio bis Castello zur gleichen Zeit ihre rosa Blüten. Die kahle Klostermauer verwandelt sich in ein Netz wechselnder Rottöne, und deren changierende Farben harmonieren mit denen anderer, ähnlich abblätternder Wände: einige zusammengehalten, andere auseinandergetrieben durch den heimtückischen Kuß der Häkchen, mit denen sich die Weinranken festkrallen.

Der Tradition des ständigen Kniefalls nach Osten folgend, werden im Frühjahr die Meeresnebel, die im Winter über der Stadt liegen, wie Teppiche in den großen indischen Tempeln aufgerollt, die man hochnimmt und an die Marmorwände hängt. Wie durch telepathische Übereinkunft verändert sich auch die jahreszeitliche Kleidung. Wenn man mit Freunden im Gänsemarsch geht, die Stadt von einer Bar zur nächsten durchquerend, wobei man üblicherweise vor und hinter sich jeweils mindestens eine Person hat, können an einem Abend alle in Wintersachen eingemummelt sein, um am folgenden Morgen ausnahmslos Frühlingssachen zu tragen, und zwar ohne wahrnehmbare Temperaturveränderung und ohne daß ein einschneidendes Datum erreicht worden wäre. Die militärgrünen Männermäntel weichen makellos weißen Trenchcoats, und die Frauen tragen starkfarbene Hüte mit passenden Schuhen, Schneiderkostüme und elegante Mäntel. Nur ein Trüppchen schwarzgekleideter Witwen ignoriert die wechselnden Modetrends. Einige Alte und alle Teenager sind immun. Die Witwen klammern sich an die gestopften Flöße ihrer dicken schwarzen Strümpfe, während Kinder ihre nahende Unabhängigkeit feiern, indem sie eine selbstverordnete Uniform aus verblichenen Jeans, T-Shirts, weißen Socken und Schuhen mit dicken Sohlen tragen. Für alle anderen ist Mode ein Tyrann, dessen Gesetz ›Niemand darf anders sein‹ im Inneren der tiefverwurzelten venezianischen Klassenhierarchie zur Anwendung kommt, die bereits ›Niemand darf gleich sein‹ geflüstert hatte. Daher werden ständig Qualität und Kosten abgeschätzt, bei jedem Schritt sind Prüfungen zu bestehen.

Cafés und Bars, die fünf Monate lang verrammelt und versteckt waren, drängen plötzlich Tische und Stühle auf unzureichenden Platz, weihen ihre Stadt erneut dem großen Gott Tourismus. Katzen und Tauben teilen sich das

Pflaster zwischen Ständen und Stühlen. Das Restaurationsgewerbe versucht sein Glück mit der Hartnäckigkeit eines widerspenstigen Kindes. ›Wie weit kann ich gehen, ohne zur Ordnung gerufen zu werden?‹ wird übersetzt in ›Wie viel kann ich berechnen, ohne daß ich mich rechtfertigen muß?‹ Offenbar soviel, wie das Meer steigt, nur schneller. Zugeständnisse an den Tourismus sind die bittere Pille, die jeden Tag aufs neue geschluckt werden muß.

Es gibt immer noch viele Ecken der Stadt, die nicht überfallen wurden. Sant' Elena, Santa Croce und die Gassen in Castello werden selten vom Schlurfen erschöpfter Ausländer heimgesucht, aber die Leere ihrer Straßen zeugt von einem Wandel der allgemeinen Atmosphäre, den die Armeen marschierender Touristen mit sich gebracht haben. Die meisten alten Damen, die früher in ihren Hauseingängen saßen, Spitze klöppelten oder einfach nur plauderten, wurden in die grauen Betonblöcke von Mestre auf der anderen Seite der Lagune umgesiedelt. Die einheimische Bevölkerung der Innenstadt schrumpft schneller als die natürliche Todesrate. Der Exodus hat die alten Männer von ihren Bänken am Straßenrand geholt, und er weht die junge Generation fort. In dieser vergänglichen Stadt gibt es wenig Platz und noch weniger Erde für wildwachsenden Löwenzahn, und es gibt auch nicht viele Akazien, die ihren Flaum in der Spätfrühlingsluft treiben lassen können. Die Männer, die einst nach Byzanz, Alexandria und zu zahllosen anderen exotischen Orten segelten, die mit den reichen Saaten und der Beute des Ostens nach Hause kamen, werden jetzt einfach über das Wasser gedrängt. Wo anderenorts Löwenzahnfelder wachsen und Ödland anzeigen, hat Venedig leere Hauseingänge und freie Wassertreppen. In Einfahrten und Gassen rückt Ordentlichkeit vor. Es ist eine belagerte Stadt, und sie grüßt das Frühjahr mit der gleichen Erleichterung wie jede Stadt ohne Garnision, an deren Mauern der Feind hochklettert, ihren Befreier. Hier sind selbst die Mauern aus Wasser. Früher garantierte die trügerische Lagune Sicherheit, jetzt pflügen dort die *vaporetti* ihren Weg zum Lido, zu den Inseln und wieder zurück. Howell schrieb: ›Kenntest du die seltene Schönheit der Jungfräulichen Stadt, du machtest ihr bald den Hof.‹ Ich bezweifle, daß er vorhergesehen hat, auf welch billige Anmache die Jungfrau heruntergekommen ist. Die seltene Schönheit wird festgezurrt und geknebelt, Tageskarten sind billig, ihre Gunst wird niemandem vorenthalten.

Enttäuschung und Murren, die die jährliche Wiederbelebung, bzw. versuchte Wiederbelebung des Karnevals begleiteten, sind verstummt. Desorientierte, gleichwohl erwartungsvolle Maskierte drängen nicht mehr in Grüppchen auf der Suche nach Trubel durch die Straßen. Das Gefühl von Enttäuschung, das wie ein oberster Schleier auf komplizierten Kostümen liegt, ist verschwunden. Die Bunten und die Makellosen haben ihre Röcke und Rüschen in die Kisten der Verleiher zurückgebracht. Das Gedränge der Kostüm-Voyeure ist heimgekehrt, wie auch die Maskierten aus Frankreich und Wien. Ein weiterer Karneval ist ›gescheitert‹. Man hat Venedig das Herz ausgequetscht, methodisch, Jahr um Jahr, daher ist es schwerlich möglich, daß zum Schlagen der Trommeln sein Lebensblut spontan aufwallt. Früher

*Maskengeschäft in der Salizada S. Christosomo*

legten die Venezianer Masken an, um ihre Identität zu verbergen, wenn sie sich der Schwelgerei hingaben, jetzt wird kaum geschwelgt, und die Bürger suchen nach ihrer Identität. Geblieben ist die Idee der Maske. Die Verlockungen der anonymen Vermummung stellen Hunderte von Maskengeschäfte in ihren Auslagen zur Schau. Aber die Masken werden an Touristen verkauft, und Touristen nehmen sie mit nach Hause. Die Jungfern- und Kurtisanen-Masken gehen das ganze Jahr über gut. Besucher, die sich während des Karnevals im Stadtzentrum drängen, haben oft das Gefühl, als hätten sie durch ein Mißgeschick den ganzen Spaß knapp verpaßt. Sie strömen zur Piazza San Marco und spüren das Drängen erwartungsvoller Touristen, erhellt von den Blitzlichtern der Photoapparate. Ein paar Extrovertierte stolzieren in wahrlich phantastischen Kostümen umher, gefolgt von Grüppchen, die sich mit Nylon und Krepp-Papier geschmückt haben.

Es gibt keine Euphorie, kein Bankett, keine Orgie. Die Neubelebung des uralten Karnevals hat in den Bewohnern keinen Nerv getroffen, wohl aber eine neue Taste der Registrierkasse gefunden. Das ganze Fest ist ein organisiertes Debakel, das die meisten Venezianer mit Unmut über sich ergehen lassen. Die Neigung, es zu boykottieren, ist viel stärker als die, daran teilzunehmen. Aber in dieser Stadt bleibt wenig Raum für Spontaneität. Die alte Ordnung ist ausgestorben und mit ihr fast alle Traditionen und Gebräuche, die neue Ordnung hat den ihr zustehenden Kuchen gefordert und erhalten; er wurde aufgeschnitten, in winzige Portionen aufgeteilt und zu astronomischen Preisen zum Kauf angeboten. Wie immer müssen jene Venezianer, die nicht mithalten können, den Weg nach Mestre antreten.

*Carnevale* wird fortgewischt und bereitwilligst vergessen. Beim Finale des großen Feuerwerks über der Lagune sind Markusplatz und Riva degli Schiavoni so überfüllt, daß die bewundernden Ohs und Ahs angesichts des Bombardements von Lärm und Farbe im schieren Gedränge untergehen. Diese letzte Hommage an das Wasser mag bei der ganzen Sache der einzige Augenblick wirklicher Erregung sein. Die Kombination des phantastisch explodierenden Regens mit einer Menge von über hunderttausend Menschen, die dicht an dicht auf engbegrenztem Platz stehen, verursacht einen allgemeinen Adrenalinstoß. Doch am folgenden Morgen haben sich die Straßenkehrer des Abfalls angenommen und nichts als Ahnungen, Spuren und Glassplitter hinterlassen, die darauf hinweisen, daß auf der Piazza etwas Ungewöhnliches geschehen ist.

Die ballettgleiche Bewegung ihrer Besen scheint den Beginn des Frühjahrs anzukündigen. Der Karneval ist eine Prüfung, die man über sich ergehen lassen muß, und sobald er vorüber ist, kann man sich wieder den ernsten Angelegenheiten zuwenden, wie Blumenkästen aufdecken und die engen Gassen auf und ab schlendern. Plastikhaarnetze werden von gelblichen Geranien gelupft, Fenster aufgerissen und ekstatische Kanarienvögel hinausgehängt, damit sie in der kühlen Luft singen. An den Wasserstraßen singen auch die Zusteller, räkeln sich auf dem bißchen Deck ihrer schmalen Kähne, um etwas von den schwachen Sonnenstrahlen zu ergattern.

Überall scheint es ein Erwachen zu geben zu einem Gefühl von Koketterie und Zurschaustellung, das viel echter ist als alles, was beim Karneval vorgeführt wurde. Jedes Jahr schminkt sich die Stadt wie eine greisenalte Schönheit, die um ihren zarten Knochenbau weiß, sich aber wegen ihrer Falten sorgt. Die Frühjahrssonne versilbert das Wasser und poliert die Oberflächen, so daß jedes Gebäude seine eigene Spiegelung sehen kann. Alles verschwört sich, damit sich die Stadt besser bewundern kann. Jeder Palazzo wird zur Kurtisane bei der Toilette, schmückt seine Fenster mit gestreiften Markisen und wetteifernden Pflanzen, betupft sich mit dem Parfüm der Blumen, das über die hohen Mauern seiner geheimen Gärten weht. Der alles überlagernde Duft der Glyzinie: ein betörend süßer Geruch, den ich liebe. Es scheint, als zwinkerten die Palazzi der vorübergehenden Welt mit ihren Fenstern zu, und einen Moment lang kann man einen Blick auf den verführerischen Reichtum ihres Inneren werfen. Wenn ich den Canal Grande durchpflüge, hin und her auf dem *vaporetto*, um verschiedene Behörden aufzusuchen und die letzten Geheimnisse des venezianischen Bürokratenlebens zu erkunden, vergnüge ich mich damit, in die Wohnungen anderer Menschen zu blicken, auf Tonnen von aufgehängtem Muranoglas und schwere Holzdecken. Es ist, als sähen sich die Palazzi über das Wasser hinweg an und beäugten kritisch ihre jeweilige Pracht.

Zwar ist Venedig theoretisch noch immer dem Meer vermählt, aber in Wirklichkeit sitzt es verwitwet da wie eine wohlhabende Hinterbliebene, die ihre Schmucktruhen befingert und sich aufputzt, um vorzuzeigen, womit ihr verstorbener Gatte sie bedacht hat. Im bröckelnden und fleckigen Stuck der Fassaden sehe ich die Reste ehemals kostbarer Gewänder, sie ziehen ihre nassen Säume über glatte Stufen, die zu den Gezeiten steigen und fallen, vom Gurgeln und Klatschen des Kanalwassers auf ihrem schleimgrünen Marmor begleitet. Im Frühjahr verraten sich die versteckten Gärten. Die dunklen gedrehten Stämme der Glyzinien erblühen in zart-mauvefarbenen Kaskaden, überdecken die modrigen Wintergerüche, während der geruchlose wilde Wein rot wird und sich entfaltet, Haarnetze in Perücken verwandelt. Dieser Wein, der den Winter über an der Klostermauer und ihrem behauenen Eingangsportal hing, gab einen Hintergrund wie ein leeres Fischernetz, das über die Seitenwand eines Bootes geworfen wurde. Bereits ein Tag Sonnenschein verändert unsere Aussicht, beschert ihr einen Fang von grünem Laub. Die *Serenissima*, diese geschminkte alte Dame, wärmt ihre Gelenke in der Sonne, betupft sich mit dem Duft der Hyazinthen, dem Rouge der Tulpen und einem hellgelben Lidschatten aus Narzissen in Blumentöpfen. Eine wilde Mischung von Farben wird auf eine Palette gekleckst.

Meine Nachbarn klagen über Bestrebungen, ihrer Stadt etwas zu verpassen, das sie ›dieses würdelose Lifting‹ nennen. Scheinwerfer und Schlaglichter beleidigen sie. Die quadratischen und in Ordnung gebrachten Fensterrahmen an einer Fassade nach der anderen, die knalligen neuen Farben, mit denen die Fassaden renoviert wurden, die gestutzten Pflanzen – all das stört den Eindruck des ungelenkten Wachsens, das nach ihrem Gefühl dieser Stadt eigen ist. Und doch gelingt es einer solchen Kosmetik offenbar nicht, die darunterliegende Schönheit der Gebäude völlig zu überdecken. Manchmal, wenn ich an der Theke meiner Lieblingsbar lehne, in einer Gasse, die von Santa Maria Formosa fortführt, und dergleichen zu äußern wage, höre ich, ›Ja, natürlich, aber das alles macht einen Supermarkt aus unserer Stadt. Wie kann man in einen Supermarkt verliebt sein? Alles so sauber, so exakt, so makellos. Wo bleibt das Herz?‹

Einige ignorieren diese innere Leere, andere beklagen sie. Unterdessen kommen die Touristen mit unvermindertem Enthusiasmus, um das Innere der Austernschale zu bewundern.

Der Singsang-Dialekt steigt und fällt rund um einen ständigen akustischen Brei. Es ist ein dringliches Geplapper Dutzender Stimmen, sich überlagernd, konkurrierend und klatschsüchtig. Venezianer flattern umher wie Finken in einem goldenen Käfig. Es ist eine geschäftige Stadt, ein Ort ständiger Bewegung. Bei meinen vielen Besuchen dachte ich, wie schön es sein müßte, hier träge und faul sein zu können. Ich stellte mir vor, wie ich zur Piazza San Marco schlendern oder in Gondeln ruhige und reglose Wasserwege entlanggleiten würde. Ich stellte mir vor, wie ich alle Kirchen und alle anderen Bauwerke ohne Eile würde sehen können. Ich glaubte, einer der Unterschiede zwischen dem Touristen und dem Einheimischen sei, daß nur der Tourist herumrennen und erschöpft sein müsse. Aber der wirkliche Unterschied ist lediglich der, daß Venezianer mehr Durchhaltevermögen haben. Nach den ersten paar Monaten mit schmerzenden Waden und Spann begann auch ich, mein kompliziertes Gespinst zu weben. Die hiesige Kunst, in hohen Absätzen zu joggen, die offenbar jeder Venezianerin in die Wiege gelegt wurde, beherrsche ich immer noch nicht perfekt (und solche Spitzenleistungen strebe ich gar nicht an), aber ich durchquere freiwillig die Stadt täglich mehrmals und teile die Ungeduld der Einheimischen angesichts des Trauermarsch-Tempos, das ausländische Fußgänger vorgeben.

Umherhetzen gehört hier dazu. Man wird darin eingeführt, indem man gezwungen wird, einen Haufen scheinbar nutzloser Dokumente von Ämtern zu beschaffen, die weit auseinanderliegen, alle um ein Uhr zumachen und nachmittags geschlossen sind. So wird in den ersten Wochen und Monaten ein Tag nach dem anderen in dieser bürokratischen Mazurka verplempert. Man glaubt, das Verfahren beschleunigen zu können, indem man durch die Straßen hetzt. Die Vorstellung, den ganzen folgenden Tag zwischen San Lorenzo und Rialto pendeln zu müssen, wirkt wie ein ständiger Stachel. Wenn die erste Lektion ist, ständig irgendwohin rennen zu müssen, ist die zweite, die Gemächlichkeit zu akzeptieren, mit der alle Beamten ihrer Arbeit nachgehen. In deren langsamen Handgelenken wirkt die Länge von Venedigs Geschichte nach. Selbst das Abstempeln eines Dokumentes mit einem schlichten Gummistempel kann bis zu einer Stunde in Anspruch nehmen. Nichts ist einfach oder unkompliziert. Diese Ämter sind die großen Debattierclubs ihrer Zeit. Jeder Name, jedes Nomen und Pronomen muß nicht nur von einer zweiten Person begutachtet werden, es bedarf auch einer Diskussion, an der sich jeder anwesende Beamte mit hitziger Wortgewalt beteiligt. Dann, oft just in dem Moment, wenn das betreffende Dokument schon fast ausgehändigt ist, wird es zu einem geheimnisvollen Allerheiligsten fortgetragen, wo es verbleibt, bis das nächste Büro auf der morgendlichen Liste mit Sicherheit geschlossen ist, bevor ein normaler Kurier im Laufschritt dort sein kann. Die ersten Freundschaften schloß ich im Rathaus und im Polizeihauptquartier.

Meine ersten Besuche dort fanden zwischen März und Mai statt, als ich die vergleichsweise einfache Aufgabe bewältigte, eine Wohnung zu kaufen. Durch diese ersten Etappen wurde ich von der kundigen Hand der Makler geleitet, häufig genug geschleift, in deren Fensterchen am Campo San Stefano wir die Immobilienanzeige gesehen hatten. Die Glyzinien standen in voller Blüte, ihre elastischen Zweige rankten sich zum Wasser hinab und verströmten einen schweren, betäubenden Duft, der einen beträchtlichen Teil meiner Konzentration von Signora Cera ablenkte. Sie schilderte Bußgelder, Geldstrafen und Sanktionen, doch nichts davon konnte in irgendeiner Weise die erste Erregung darüber dämpfen, in Venedig nicht nur zu wohnen, sondern eine richtige Venezianerin zu werden. Signora Cera erläuterte mir mit, wie ich heute weiß, enzyklopädischer Ausführlichkeit in allen Einzelheiten, was es mit dem Hauptwohnsitz in einer venezianischen Eigentumswohnung auf sich hat, während ich auf die Königin der Adria hinausstarrte. Erst als unsere Möbel zwei Monate lang in einem Lagerhaus an den Docks standen, auf ihrem Weg zu uns abrupt angehalten, da einige nebensächliche und scheinbar bedeutungslose Erklärungen (unterschrieben, gegengezeichnet, in zweifacher Ausführung) fehlten, widmete ich mich vorübergehend völlig der Aufgabe, die Papiere meiner Familie zusammenzutragen und zirkulieren zu lassen.

In Venedig zu wohnen ist, als sei man in einem verzauberten Labyrinth freigelassen worden. Über die Jahre war auch ich durch verwinkelte Straßen gelaufen und habe auf den Bänken gesessen, wo Verliebte am Wasser sitzen. Ich wollte die Stadt besser kennenlernen, daher habe ich bei fast jeder Gelegenheit in einem anderen Hotel, einer anderen *pensione* gewohnt und getan, als sei ich einmal auf den Zattere, einmal am Ponte dell'Accademia und dann wieder in dieser oder jener Seitenstraße zu Hause. Ich spann Erinnerungen an Tage und Wochen, die ich wie betäubt zubrachte, in welchem Bezirk ich auch war. Ich fühlte mich ganz wie Dickens, der 1844 schrieb: ›Nichts von dem, was ihr jemals über Venedig gehört habt, entspricht seiner Pracht und wunderbaren Wirklichkeit … es übersteigt die verschwenderischsten Träume; die wildesten Visionen arabischer Nächte sind nichts gegen die Piazza San Marco und den ersten Eindruck des Kircheninneren … Opium könnte keinen solchen Ort erbauen, und Zauber könnte ihn nicht vor dem inneren Auge entstehen lassen… Niemals zuvor habe ich einen Ort besucht, den zu beschreiben ich mich kaum getraue.‹

Wie am Beginn einer Verliebtheit spürte ich immer nur die Gegenwart, nicht das Wesen meines Geliebten; die einlullende Stimme, deren Worte unverständlich sind. Alles außer beiläufigen Nebensächlichkeiten entging mir, so oft ich auch wiederkam. Ich sehnte mich zurück, wenn ich fort war, aber mein Erinnerungsvermögen, sonst ungetrübt, verschwamm bei Venedig. Meine Eindrücke waren die anderer Leute: Ich wußte, was Byron und James darüber gedacht hatten, und ich kannte die

Locksätze aller freiwilligen Fremdenführer, die auf Touristen-Beutezug über die Piazza San Marco pirschten. Es kann nicht viele Menschen geben, die über ihre Stadt so gut Bescheid wissen wie die Venezianer. Der schlichteste Bub erweist sich als Goldgrube des Wissens. Die Dialekt-Stanze, die die Piazza beschreibt, ist wohlbekannt.

> In Piazza San Marco ghe xè tre standardi
> Ghe xè quatro cavai che par che i svola
> Ghe xe un relogio che'l par una tore,
> Ghe xe do mori che bate le ore.
> (Auf der Piazza San Marco gibt es drei Standards,
> Da sind vier Pferde, die zu fliegen scheinen.
> Da ist eine Uhr, die wie ein Turm aussieht,
> Da sind zwei Mauren, die die Stunde schlagen).

Es ist etwas völlig anderes, ob man vorübergehend in Venedig wohnt oder sich dort aufhält, ob man einer der vielen Millionen Besucher ist, die Jahr für Jahr kommen und bald wieder gehen, oder ob man als Venezianer hier lebt. Vielleicht der wichtigste Punkt, der nochmals wiederholt werden muß, ist der, daß der Schmelztiegel bereits vor geraumer Zeit zugedeckt und vom Feuer genommen wurde. Daher ist es eigentlich unmöglich, Venezianer zu werden, da es nicht möglich ist, die Vergangenheit zu teilen, sondern nur Gegenwart und Zukunft. Wenige andere Städte dürften eine derart wunderbare Vergangenheit oder trostlose Zukunft haben, oder so beharrlich von außen an beides erinnert werden. Und doch gibt es diese ›Pracht und wunderbare Wirklichkeit‹ – aber es ist nicht die, die man von außen wahrnimmt.

Viele Venezianer verbringen die eine Hälfte ihrer Zeit damit, durch die Stadt zu hetzen, und die andere, indem sie sich der Trägheit überlassen, die über dieser Stadt schwebt. In letzterer steckt ein Treibenlassen, das etwas Balsamisches hat. Das Wiegen einer Gondel besänftigt die Nerven, schaukelt durch dünne Gazeschleier. Das sanfte Tempo ist allgegenwärtig, von der erwähnten Hetze durchsetzt. Es reckt sich genüßlich mit den Lieferboten, die sich auf den Decks ihrer Barken in der kühlen Aprilsonne sonnen; es ist gegenwärtig in den Reihen alter Damen, die reglos unter Bäumen sitzen und auf das verschmutzte Pflaster schauen; es ist im Herumlungern jener Gondoliere, die zu lethargisch sind, an belebten Brücken nach Kunden zu rufen, und es ist auch im scheinbar mühelosen Rudern der Gondoliere bei der Arbeit. Trägheit spielt ihr Lied, und die Bürger folgen ihren langsamen Tänzen ebenso gewiß, wie die Touristen bei den Geigern auf der Piazza wippen und den Takt klopfen.

Zwischen diesen Phasen der Untätigkeit liegen wiederkehrende Anfälle von Drängen, Eilen, Schieben. Spähtrupps werden, zu zweien oder dreien, zum Markt und in die Geschäfte ausgesandt. In der Stadtverwaltung mit ihren Beamten, die alle ein Trägheits-Konzentrat in den Ellbogen injiziert bekamen, bilden sich die üblichen Schlangen, und die Verzweiflung steigt. Eine einfache Angelegenheit wie die Einschulung eines Kindes wird zu einem Hindernisrennen, dessen Regeln den Erfinder von Alice und der Weißen Königin amüsiert hätten. Ich habe in Italien an vielen Orten gelebt, aber nirgends war der bürokratische Filz so erstickend wie in Venedig. Falls man, krank oder gesund, im Guten oder Bösen, reicher oder ärmer, den Parcours überlebt, verleiht einem das Zusammengehörigkeitsgefühl, das dadurch entstanden ist, so etwas wie die Bürgerschaft ehrenhalber.

Die rankende Glyzinie, der knospende Jasmin und das Geißblatt leugnen jedes Wissen, das mehr umfaßte als das Kommen ihres Duftes; und doch muß das Beben ihrer Staubgefäße in der Brise, die vom Meer kommt, die Dualität jedes Kopfes spüren, der vorbeischlendert oder eilt, und auch jedes Bootes, von den *vaporetti* bis zu den gleitenden Gondeln. Die wenigen Kinder, die die Kunst der Gondoliere ausüben dürfen, beginnen ihre Lehrzeit früh, sie erlernen die Handhabung des langen Ruders, sobald sie groß genug sind, ihre Wiege zu verlassen und zu laufen. Ihr Unterricht beginnt in der Lagune, wo sie fern spähender Touristenschwärme kentern können. Nach der Lagune dürfen sie in die *rii* und von dort in die kleineren Kanäle, bis sie sich für den Canalazzo qualifizieren. Als Teenager spielen sie in den engen Straßen Fußball, um im nächsten Augenblick in der Gondel ihres Vaters oder Onkels zu stehen, und sie vollziehen diesen Wechsel mit amphibischer Mühelosigkeit. Stolz und Verzweiflung, Machtgefühl und Prostitution liegen dicht beieinander.

Eine Schicht Traurigkeit scheint auf die weißen Brötchen gestrichen, die für die Frühstückspause in den Schulranzen eines jeden Grundschulkindes gepackt werden. Die Kinder lernen früh und schnell, ihren natürlichen Übermut zu zügeln. Mein kleiner Sohn senkt die Stimme, wenn er vom Lido spricht; jenem heiligen Ort, jenem offenen Raum, der mit dem Meer verschmilzt. Stunden in der Lagune oder *vaporetto*-Fahrten zu den

Inseln, davon träumt er, darum bittet er in Zeiten großer Belastung. Unter dem weißen Deckchen seines schmalen Krankenhausbettes, wo er einen Monat lang notwendige, aber angstmachende Behandlungen durchstehen muß, handelt er mit mir wie ein echter Venezianer. Das Geschäft muß weitergehen. Alles, was er herausschlägt, hat mit dem Wasser zu tun. Danach frage ich mich, ob auch dem modernen Venezianer einfach das Wasser fehlt. Vielleicht ist es nur die angeborene Sehnsucht der Fischer und Matrosen, die sie in konzentrischen Kreisen umhertreibt, die sie wie Termiten herumrasen läßt, die ihren Bau ausbessern.

Das Leben in Venedig ist oft eine Mischung aus grandiosem Weltstadttheater und kleiner Provinzbühne. Die Kulisse ist immer prächtig, die Spieler sind kompetente Söhne berühmter Väter, aber die Stücke sind meist mittelmäßig. Angeblich hatte Venedig in seiner ganzen Geschichte, selbst auf der Höhe seiner Macht, nie mehr als 170 000 Einwohner. Heute sind es rapide schrumpfende 80 000. Der einzige funktionierende Abfluß dieser Stadt ist der Exodus, der die Menschen zum Festland und nach Mestre fortzieht. Die Schere zwischen dem Ruf der Stadt und seiner Bevölkerung hat sich im zwanzigsten Jahrhundert weiter geöffnet. Über fünf Millionen Touristen drängen jährlich nach Venedig. Es gibt immer noch Inseln, auf die sich diese Touristen selten wagen, und auch Winkel der Innenstadt, wohin sie nicht gehen oder die sie nicht finden; es gibt stille Plätze, Kirchen und *campi,* die nicht unbekannt sind, aber unbesucht bleiben. Nach Mitternacht und in den frühen Morgenstunden ist die Stadt verwaist, aber in den Stunden dazwischen und auf allen wichtigen Straßen marschieren die Touristen erbarmungsloser als einfallende Soldaten.

Persönliches wie Beisetzungen, Krankheiten, sogar Streitigkeiten sind ausnahmslos öffentlich, und den Hauptteil dieser Öffentlichkeit bildet die Besatzungsarmee, die in Schichten über den Damm nach Venedig einfällt. Der Weg zum Krankenhaus am Campo San Zanipolo (Santi Giovanni e Paolo), auf oder hinter einer der hölzernen Schubkarren, die in Venedig als Bahre dienen, ist unweigerlich von Schaulustigen begleitet, die hingerissen sind, ein Stück »echt venezianischen Lebens« mitzubekommen. Ich erinnere mich an meinen Zorn, als ein Passant mein krankes Kind fotografierte. Aber ich erinnere mich auch, bei einer anderen Gelegenheit, als meine Tochter im Bezirk Canareggio zusammenbrach, an mein Gefühl der Erleichterung, als die Schnellboot-Ambulanz durch die Lagune raste. So viel in Venedig ist neu, es ist eine Neuheit, an der immer wieder erstaunt, daß das empfundene Vergnügen kindlich und instinktiv ist.

Meine Jahre in Venedig scheinen sich präziser in Jahreszeiten aufzuteilen als anderenorts. Kein Jahr, nicht einmal ein Halbjahr ist vergangen, ohne daß ich mir des Wandels ständig bewußt gewesen wäre. Das Frühjahr ist in mancherlei Hinsicht immer eine idyllische Zeit, von Blumen geschmückt und von der Sonne sanft gewärmt. Doch es brachte mir auch zweimal Zeiten erzwungenen Innehaltens, in denen ich stundenlang in den kleinen Cafés gegenüber dem Haupteingang des Krankenhauses San Zanipolo wartete, bis ich meine Kinder besuchen konnte, und dabei über Tassen mit Kakao, der so dick war, als sei er vom Grund eines Kanals heraufgebaggert, vor mich hin sinnierte. Daher gehört zu den Sehenswürdigkeiten, an die ich mich am lebhaftesten erinnere, das Colleoni-Standbild aus dem fünfzehnten Jahrhundert.

Bartolomeo Colleoni war ein berühmter Söldnerführer. Er hinterließ der Republik ein Vermögen unter der Bedingung, daß sie ihm vor San Marco ein Denkmal errichtete. Dies widersprach den Gesetzen der Stadt, doch um das Erbe beanspruchen zu können, fand die Stadt einen Ausweg und stellte die Statue statt dessen auf den Campo San Zanipolo vor die Scuola di San Marco, das jetzige Krankenhaus. Ruskin, dessen wunderbare Prosabeschreibungen Venedigs häufig zwischen Schwärmen und Verachtung schwanken, konnte nicht glauben, daß ›es auf der Welt ein herrlicheres Werk der Bildhauerkunst gibt als die Reiterstatue des Bartolomeo Colleoni‹. Sie wurde von Verrocchio in Venedig entworfen, doch dann gab es viele Schwierigkeiten. Er hatte das Pferd gerade fertiggestellt, als er erfuhr, daß Vellano von Padua, ein Donatello-Schüler, den Reiter ausführen solle; beleidigt zerstörte Verrocchio daraufhin Kopf und Beine des Pferdes und kehrte nach Florenz zurück. Es folgte ein Dekret, das ihm bei Todesstrafe verbot, Fuß auf venezianisches Gebiet zu setzen. Er antwortete, er beabsichtige keinesfalls, dieses Risiko einzugehen, da er wisse, daß der Senat seinen Kopf, sollte er ihn abschlagen, weder reparieren noch ersetzen könne, während er den Kopf seines Pferdes jederzeit durch einen besseren ersetzen könne.

Man machte eine *amende honorable,* verdoppelte Verrochios Lohn und lud ihn ein, seine Arbeit in Ruhe zu Ende zu führen. Verrocchios starb dort, bevor er die Statue vollendet hatte, die dann von Alessandro Leopardi

›del Cavallo‹ fertiggestellt wurde. Diese Begebenheiten und viele Anekdoten, vieles aus der Geschichte Venedigs sanken zu Klatsch herab und werden mit den *tramezzini* und der heißen Schokoladenmousse serviert, die als Kakao ausgegeben wird.

Klatsch grassiert in Venedig; er wächst schneller als die Planktonschichten, die in jedem Sommer die Lagune bedecken. Die Geschichten vermehren sich so rapide wie die Stechmücken, die es in dieses berühmte Sumpfgebiet zieht. Es gibt wenig Privatleben und sehr viel Spekulation. Es ist ein Ort ständiger Rendezvous, eine Klatschbörse, wo Kunst und Skandal unlösbar verquickt sind.

# SOMMER BELAGERT

*Im Sommer liege ich wie eine*
*Eidechse auf einem Kissen aus*
*dickem Sumpfgras und Wicken und*
*lausche dem eintönigen Schmatzen*
*und Saugen der Wellen*
*an dieser flachen Brust von einer*
*Insel, mit ihrer steingehauenen*
*Brustwarze in Gestalt*
*einer Kirche.*

Sant' Elena ist voller zitronenduftender Magnolien; und Alte wie Junge sonnen sich auf Bänken. Abends hängen die Moskitos wie angegraute Tüllgardinen schwer über dem Ufer. Sant' Elena kauert an einem stillen Wasserarm, denn bis die Touristen zu den Parkanlagen getrottet sind, sind sie zu verschwitzt und zu müde, um noch entschlossen weiterzuziehen; daher bleibt Sant' Elena von den einfallenden Truppen verschont. Unter sich schälenden Platanen und einem Schirm brummender Fliegen werden auf braunen Papiertüten warme, vermatschte Picknicks ausgebreitet. Trotz der Märsche, die der Reiseführer erzwang, liegt über allem etwas Träges, Schläfriges. Melancholie und Nebel haben sich aufgelöst.

Treppen und Ufer, Statuen und Stühle, alles ist mit entblößter, verbrannter Haut drapiert, im grellen Sommerlicht verlieren sich die Farbnuancen. Venedig wird zu einem Urlaubsort, einem Strandbad; ein Ort mit bunten Markisen und Eiscreme. Die gelben und weißen Plastikstühle des Café L'Avena überwuchern eine Seite der Piazza San Marco, es zieht die paar Kunden an, die dessen exorbitante Preise zahlen mögen, und es hat Morgensonne, während das berühmte Café Florian bis zum späten Nachmittag in einem frostigen Schatten dahinkümmert. Viele Gäste dieser beiden Cafés sind Einheimische. Paradoxerweise sind dies relativ ruhige Orte, wo sich vornehme Venezianer wie Schiffe auf See treffen, wenn sie auf einen gemeinsamen Kaffee oder den rituellen Aperitif vorbeischauen.

Unter Schleiern der Melancholie, die zum nicht geringen Teil von Außenseitern gemacht werden, gibt es eine Schicht der venezianischen Gesellschaft, von der hiesigen Aristokratie – den Nachfahren des Goldenen Buches – durchsetzt, die ihr Leben in nahezu völliger Mißachtung all dessen führt, was ankommt, um den gemessenen Rhythmus ihrer Stadt zu stören. Sie haben das Touristenproblem nicht gelöst, aber indem sie sich größtenteils auf dem Wasser fortbewegen, können sie es nahezu ignorieren. Sie fahren nicht weiter als von einem Palazzo zum nächsten und über die Lagune. Sie sind die gewissenhaften, privaten Kustoden ihres unermeßlichen persönlichen Erbes; sie sind die kultivierten Gastgeber besuchender Würdenträger. Ihre Gebräuche und ihre Kalender haben sich wie unter Bernstein bewahrt, dem prächtigsten und besten Bernstein. Es ist nicht überraschend, daß in Venedig, ehemals die größte Handelsnation der Welt, die Oberschicht nicht müßig ist, ihre Angehörigen sind auch heute Kaufleute. Dabei könnte die winzige Minorität von Familien, die immer noch dieses abgeschottete und privilegierte Leben führt, durchaus die letzte Generation sein, die dies mit solcher Exklusivität tut. Ihre Kinder mischen sich bereits, mischen sich und ziehen fort; und der Sommer ist der große Mixer. Wie ein venezianischer Cocktail verbindet er unterschiedliche Elemente und schüttelt sie zusammen. Die großen Gleichmacher sind Bootpartys,

Schwimmpartys, Picknicks, Tanzveranstaltungen, Touren zu den Diskotheken in Mestre und Padua. Napoleon brüstete sich, er werde ›für den venezianischen Staat wie Attila sein‹. Seine Soldaten eroberten die Stadt 1797; 1798 trat er sie an die Österreicher ab. Venedigs wahre Macht war lange vorher vergangen, in endlosen Türkenkriegen verbraucht. Konkurrenz im Indienhandel und die Entdeckung Amerikas beschnitten von außen seine Wirtschaftsmacht und seinen Wohlstand, während im Inneren Spielleidenschaft und allgemeine Zügellosigkeit die große Republik untergruben.

Trotz schwindender Macht hatte Venedig Zeiten herausragender künstlerischer Produktion erlebt. Die Namenslitanei großer Künstler findet sich heute vornehmlich in Gerichten und Getränken, Kuchen und Straßennamen wieder, was aber die Werke selbst, es seien Bellinis, Carpaccios oder Tizians, nicht schmälert. Nach der französischen Armee kam die Touristenarmee, aber keiner Armee gelang es, das Allerheiligste Venedigs zu öffnen. Nietzsche sagte: ›Wenn ich ein anderes Wort für Musik suche, so finde ich immer nur das Wort Venedig.‹ Er dachte dabei zwar an Monteverdi, Vivaldi und die Oper, aber es ermangelt nicht einer gewissen Ironie, daß ausgerechnet die Popmusik das Innerste der venezianischen Gesellschaft ins Licht der Öffentlichkeit zerrt. Jahr für Jahr ist es die Popmusik, die den Lebensrhythmus jener abgeschiedenen Welt der kerzenerleuchteten Paläste verändert.

Daran ist *per se* nichts Schlimmes, und es ist ungewiß, welche Folgen das haben wird, außer der, daß es zu einer geschlosseneren Bevölkerung führt. Das Phänomen ist weder auf Venedig noch auf Italien begrenzt; die alten Barrieren bröckeln, weil Jeanswellen ihre Fundamente umspülen. Im Sommer fällt mir diese Vermischung mehr auf, vielleicht, weil die jungen Venezianer dann in größeren Gruppen unterwegs sind. Das ist die Zeit, in der sie mit Venedig offenbar völlig zufrieden sind, und wenn sie das *centro storico* verlassen, dann zieht es sie nicht weiter als auf die vorgelagerten Inseln. Jasmin, Geißblatt und die vielen Kletterrosen in leuchtendem Rosa verströmen in Sackgassen ihre schweren Parfums, und erstickend süße Gardenien stehen vor den Blumengeschäften Wache.

Als gelegentliche Besucherin glaubte ich, die Sommermonate seien die schlimmste Zeit hier, und machte Pläne, aufs Land zu flüchten wie so viele Venezianer. Dante (der an einem Fieber starb, das er sich auf einer Venedigreise zugezogen hatte) besuchte das Arsenal, die damals leistungsfähigste Werft der Welt, wo 16000 Mann arbeiteten. Der Anblick, wie sie mit kochendem Teer schufteten, inspirierte ihn angeblich zu einem der Kreise der Hölle in seinem Inferno. Heute ist das Arsenal nur noch Museum, das Gebiet rundum eine ruhige, bei Ausländern beliebte Wohngegend. Im Juli und August, der Hauptsaison, die nach beiden Seiten weitergeht, verwandeln Tagesausflügler den Bahnhof und seinen Vorplatz in ein Inferno, fädeln sich dann in die Unterwelt ein zwischen schiefen Wänden aus feuchtem, abblätterndem Stein in Richtung Rialto und San Marco.

Es muß schrecklich sein, in Venedig klein oder ein Kind zu sein, und bisweilen in einem Meer von Schenkeln und Koffern zu ersticken und zu ertrinken. Es muß schwierig sein, alt zu sein und unfähig, sich zu beeilen, wenn die Menge durch Gassen drängelt und Menschen gegen Mauern, in Hauseingänge und Verkaufsstände drückt. Es muß schwer sein, zart zu sein, durch die ständigen Knuffe und Stöße verletzbar. Im Sommer sieht es oft aus, als hätten sich die Tore des Arsenals geöffnet und 16 000 Menschen aus einer Schicht entlassen. Anfangs konnte ich die schiere Zahl und die Nähe so vieler Menschen kaum ertragen. Ihre Erregtheit lief dem natürlichen Gefühl von Trägheit in einer Stadt zuwider, auf der die Hitze lastet. Ich bemerkte, daß die Menschenmengen meine Tochter offenbar weniger störten als mich, und fragte, wie sie es schaffe, zu überleben. Sie sagte: ›Ich ignoriere sie.‹

Dann fragte ich sie, wie ihre venezianischen Freunde mit solchen Scharen umgingen, und wie *sie* damit fertig würden. Sie zuckte mit den Achseln und sagte: ›Sie ignorieren sie auch.‹ Als langfristige Lösung halte ich diese Einstellung für völlig untauglich, aber um genießen zu können, was zwei wunderbar geschenkte, vertrödelte Monate sein könnten, wenn es diese Invasion der Emsigen und Einfältigen nicht gäbe, ist es nicht schlecht. Also beschließe ich manchmal, selber unsichtbar zu sein, und manchmal beschließe ich das für die Menge, wenn ich auf dem Weg zum Lido und den Inseln bin. Moderne Venezianer sind wunderbare Phantasten, sie sind seit früher Kindheit gezwungen, zu phantasieren; wir leben im Zeitalter des Fernsehens, und die Leinwand und das Leben, wie man es in Venedig leben muß, lassen sich nicht in Einklang bringen.

Ich glaube, ich bin bei meinen früheren Venedig-Besuchen zu oft in Murano gewesen, und ich bin von zu vielen begeisterten Fremdenführern durch die Glasfabriken gescheucht worden, um noch etwas anderes zu empfinden als den Wunsch, an einen anderen Ort weiterzufahren. Die Verlockung der anderen Inseln ist groß, während es scheint, als würden die Öfen der Glasfabriken von einer gewissen Klaustrophobie angeheizt. Die Geheimnisse der Glasherstellung, ehemals eifersüchtig gehütet, werden jetzt mit unerbittlicher Penetranz jedem Dahergelaufenen aufgedrängt. Die Glasbläser, berichten die plappernden Führer, durften die Insel nicht verlassen, falls sie flohen und auswanderten, wurden sie in Abwesenheit zum Tode verurteilt, und man schickte gedungene Mörder los, um sie aufzuspüren. Diese töteten die abtrünnigen Handwerker mit dem venezianischen Dolch; dessen Klinge war eine dünne Glasscherbe. Sobald sie im Körper des Opfers verschwunden war, wurde der Griff abgebrochen, so daß wenig mehr als ein Kratzer auf die Todesursache hinwies. Die Glashütten von Böhmen und Flandern, Caithness und Piegare sind alle von Muranesern gegründet. Wenn ich den Glasbläsern zusehe, wenn sie ihre phantastischen Ziergegenstände machen – den langen, spindeldünnen Schwanz eines Glaspfaus oder die Zuckerwatte-Fäden einer Lampe –, muß ich stets an die rasiermesserscharfen Dolchspindeln denken, die in diesem Inselgefängnis entstanden.

Murano ist für mich auf einen Tunnel, das Glasmuseum und zwei Bars geschrumpft. Der *vaporetto*, der jetzt dieselbetrieben ist, aber seinen Namen behalten hat, nähert sich und gleitet dann mit einer Anmut, die nicht zu seiner Größe und seinem Aussehen passen will, zu einer anderen Insel weiter. Murano, Torcello und Burano sind durch ein lockeres Fahrplannetz miteinander verbunden. Das Tau wird geworfen und festgemacht, die Schranke an Deck gehoben, und die Passagiere quellen heraus. An Wintertagen sind die *vaporetti* halbleer und bewegen sich über die Lagune, als suchten sie nach verlorenen Seelen. Im Sommer sind die Fähren voll, ihre Erregung ist ansteckend. Barkassen, Ruderboote, Schnellboote, Lastkähne und Fähren durchpflügen das graugrüne Wasser in alle Richtungen.

Die Lagune ist in Fahrrinnen unterteilt, durch Pfähle markiert, die in den Schlamm getrieben wurden. Diese Pfähle *(bricole)* sind nicht leicht zu umschiffen, da manche viel Spielraum geben, andere hingegen nur um Haaresbreite von jenen Untiefen und Schlickbänken entfernt sind, die Venedig schützen, seit es (angeblich) 421 gegründet wurde. Es gibt Tausende von *bricole*, einige mit Laternen, einige wenige mit Bildstöcken. Einige sind vom Meer und den Abwässern weggefressen, andere stehen kerzengerade und makellos wie neue Pfähle bei einem Provinz-Reiterfest, abgeschält und zusammengebunden, während der flache grüne Meeresrasen niedergemäht wird. An den unglaublichsten Stellen des Wassers sieht man Gondeln mit Urlaubern oder Gondoliere-Lehrlingen. Zum Erlöser-Fest wird eine Brücke über den breiten Kanal der Insel Guidecca zur Erlöser-Kirche (Redentore) auf der anderen Seite geschlagen, und jeder Venezianer, der die engen Stufen in ein Boot oder Floß hinunterkommen kann, läßt sich mit Picknick, Wein und Laternen aufs Wasser hinaustreiben. Dieses Fest ist so inspirierend, daß ein Boot nach dem anderen William

Logsdails Gemälde *Venetian Alfresco* gleicht oder es gar übertrifft. Beim Erlöser-Fest werden Lebensmittel, Spitze, Tischwäsche und Gläser auf das phantasievollste zur Schau gestellt. Die Lichter und die Musik, das Durcheinander von Farben, Holz und Stoff, Fächer und Essen, alles scheint aus einem Schatz zu stammen, den die Hüter aller Luxusgesetze vor geraumer Zeit konfiszierten.

Ich fahre nicht Auto, vom Boot zu schweigen, und ich habe so wenig Orientierungssinn, daß drei *bricole* mich durchaus verwirren können, von zwanzigtausend zu schweigen. Meine Familie mag segeln, rudern und angeln, ich bin Passagier, ein glücklicher Parasit auf dem Rücken meiner amphibischen Mitmenschen. Etwas ist an Venedig, das vom Spätfrühling bis zum Spätsommer selbst den düster läutenden Glocken einen Hauch von Festlichkeit verleiht. Als ich in Venezuela lebte, gehörte es zu meinen größten Freuden, in einer riesigen Hängematte zu liegen und während der Mittagsstunden in deren Spitzentuch zu schaukeln. Es gab dort selten Zeit oder Gelegenheit für eine Siesta, doch wenn ich sie hatte, steuerte ich mein Schaukeln, indem ich eine Schnur um eine benachbarte Säule band und das andere Ende in der Hand hielt. Diese Schnur war keineswegs meine eigene Erfindung, sie war nicht einmal eine von großer Bedeutung, aber sie ahmte auf lautlose Weise die sanft einlullenden Bewegungen eines Nachtzuges nach, eines wiegenden Arms, eines Traum-Schaukelstuhls auf einer südlichen Veranda.

Die Bauweise der Gondeln wurde gegen Ende des letzten Jahrhunderts von Domenico Tramontin perfektioniert. Davor hatten viele Dichter und Reisende die sinnliche Schönheit ihrer Bewegung gerühmt. Sie hatten Kabinen, die sie trocken hielten, wir haben die geringfügig weichere Fahrt, das Gefühl aber war gewiß das gleiche. Lebte man immer auf einer Gondel, glitte man so durch das Leben, beschränkte sich das Leben wieder auf Essen und Schlafen wie bei einem Neugeborenen? Ich wünschte, ich könnte es mir leisten, das zu erkunden. Leider ist meine Erfahrung auf die venezianischen Stunden begrenzt, die wir uns regelmäßig leisten. Eine Stunde in Venedig kann zwischen fünfundzwanzig und fünfzig Minuten dauern. Es ist merkwürdig schwierig, über die korrekte Zeitspanne zu streiten und zu verhandeln, solange man noch unter den sinnlichen Nachwirkungen einer Fahrt steht. Gesegnet die Mädchen, die einen Gondoliere heiraten, denn sie werden sehr viel Geld erben, und sie können ihre Nachmittage auf ewig damit vertrödeln, durch Kanäle und Lagune zu treiben. Ihre Kinder können nach Herzenslust in den Sümpfen und Schlammbänken paddeln und matschen, sie selbst können das ganze Mysterium einer Eleanore Duse verbreiten, wenn sie auf ihrer eigenen Totenbarke stehen.

Unterdessen spart mein eigener kleiner Sohn seine Münzen, um seinen Freunden *traghetto*-Fahrten zu spendieren. Die gleitenden Gondeln, die rüttelnden *traghetti*, die *vaporetti*, die Motorboote unserer Freunde, die geflickten und manchmal leckenden Ruderboote, sie alle sind Teilchen des Kaleidoskops, das ich liebe. Selbst beim Warten auf die Wasserbusse empfinde ich ein Gefühl von Zufriedenheit. Ob es die Zufriedenheit ist, in Venedig zu sein, oder meine natürliche Liebe zum Wasser, weiß ich nicht zu sagen, es ist gleichgültig. Die Sonne sprenkelt den

*An der Rialto-Brücke*

Canalazzo und versilbert seine Oberfläche, er blinkt wie ein Fischschwarm, der die Spiegelungen der Gebäude zurückwirft oder schluckt, wenn wir vorüberfahren.

Die Hitze sickert mir wie der prickelnde Gioioso durchs Blut, die staubigen Rosa- und Rottöne gleißen im Sonnenlicht, und gerade wenn sie zu grell werden, verwandeln sie sich, werden schattig, hellen wieder auf, reflektieren immer stärker. Angetrunkene Männer quetschen vor hingerissenen Besuchermengen ihr Akkordeon, Kameras klacken und blitzen, Menschen treffen sich und kollidieren, Tausende billiger Gondoliere-Hüte, auf deren Bänder ›Venezia‹ gedruckt steht, wogen auf und ab, als wollten sie die Menschen kneifen, die nicht wissen, ob sie träumen oder wachen. Der Oleander bedeckt sein Haupt mit Blüten, auf den sonnigen Fenstersimsen modriger, niedriger Küchen singen Kanarienvögel, und ich weiß, daß ich die hiesige Mischung aus Losrasen und reglosem Verharren liebe.

In Venedig zu sein verstärkt meine Gefühle; Venedig besetzt mein Denken und leert es dann – so nachdrücklich wie Ebbe und Flut. Die Möglichkeit länger anhaltender Konzentration versickert, wenn mich die endlosen Gassen und das Wasser mit ihrem uralten Gleichmut locken. ›Andere Städte haben Bewunderer, Venedig hat Liebhaber.‹ Wenn ich sage, daß ich Venedig liebe, dann weiß ich, daß selten Liebende das Objekt ihres Begehrens mit so vielen anderen geteilt haben; doch Venedig ist wie die größte aller Kurtisanen: Ihre Anziehungskraft steigt mit der Zahl ihrer Eroberungen.

Alle jammern über die vielen Touristen in Venedig, auch die Touristen. Henry James klagte vor über hundert

Jahren, daß ›des sentimentalen Touristen einziger Zwist mit Venedig der ist, daß er zu viele Mitbewerber hat ... Das heutige Venedig ist ein riesiges Museum, in dem sich das kleine Drehkreuz, das einen einläßt, ständig dreht und quietscht, und man marschiert mit einer Herde Schaulustiger durch die Einrichtung.‹ Daher ist das Venedig der unmittelbaren Vergangenheit, um das meine venezianischen Freunde trauern, ein Venedig, das für Henry James schon eine Besudelung seiner Schönheit war, so wie meine Freunde das heutige Venedig, das ich sehe und liebe, als barbarisch zerstört und kaputt erleben.

Es steht außer Zweifel, daß Venedig zu viele Bewunderer hat, und nicht aus moralischen, sondern aus rein praktischen Gründen muß etwas geschehen, um die Stadt vor Mißbrauch zu retten. Obwohl die Gefahr besteht, daß sie allein aufgrund des Gewichts und der Unmenge ihrer Besucher unter deren Füßen versinkt, kann sie nicht ohne sie sein. Sie braucht ihr Geld, die Venezianer brauchen die Arbeitsplätze, die der Tourismus schafft; und wahrscheinlich braucht die Stadt, wie jede schöne Witwe von Stand, auch ihre Bewunderer. Auf jeden Fall können ihre Hüter und Wächter nicht darauf verzichten, daß sie bewundert wird. Venedig bewundert sich selbst ständig in seinen Spiegelungen. Die Probleme Venedigs reichen bis in die Zeit seiner Gründung zurück. Es war immer von Schwierigkeiten heimgesucht; allein die Idee, eine Stadt auf Wasser zu bauen, ist ein Problem für sich. Sie sinkt und siecht schon so lange, daß viele Venezianer nonchalant über ihre dringlichsten Gefährdungen hinwegsehen. Sind die Straßen naß, ignorieren sie das Wasser, sind sie zentimeterhoch von Kanalwasser überflutet, tragen sie Gummistiefel und Galoschen, und wenn der Wasserspiegel noch höher steigt, bahnen sie sich ihren Weg über Laufbretter, die die Kommune bereitstellt. Diese Laufbretter sehen aus wie aufgestapelte Tische, die für ein bevorstehendes Festmahl bereitstehen. In der Minute, in der eine *acqua alta* zurückgeht, sinkt mit ihr das örtliche Interesse an der Überschwemmung, die nächste Ebbe nimmt es ganz mit sich fort. Sandsäcke werden mit lächelnder Resignation und unter einer Menge Rufen und Anzüglichkeiten fortgeräumt, dann geht das Leben weiter.

Da man aber die Augen vor den Problemen der Stadt auch nicht völlig verschließen kann, wirft man die Netze nach Sündenböcken aus. Straßen und Kanäle sind schmal, folglich müssen die Netze nicht sehr weit geworfen werden, und das erste, was sie fangen, sind die Touristen. Und so sind sich alle einig, daß die Touristen schuld haben, nicht an bestimmten Mißständen, was zutrifft, sondern an allem, und zwar zusammen mit der Regierung, die sowieso immer etwas falsch macht. Anwesenheit ist mitunter Schuld; wenn jemand gegen eine Mauer läuft oder sich die Fußzehen anstößt, ist dies nicht die Schuld des küssenden Paares auf einer Bank, das mit sich beschäftigt ist, aber wenn der verletzte Fußgänger unter Schmerzen herumwirbelt und die beiden sieht, wird es ihm doch irgendwie vorkommen, als trügen sie die Schuld daran. So ist es mit den Touristen in Venedig (zu denen ich viele Jahre lang ganz ungeniert gehörte).

Wie alle Italiener sind die Venezianer, was ihre Stadt und deren Gebräuche angeht, auf übertriebene Weise lokalpatriotisch. In Genua ist das Genuesische am be-

*Im Palazzo Pisani Moretta*

sten, in Siena das Sienesische, und in Venedig eben alles, was venezianisch ist. Lagune, Abwässer, Müll und interne Querelen sind alle venezianisch und daher freizusprechen, die Touristen aber kommen von außerhalb und müssen daher die Schuldigen sein. Und man muß die Tage mit Reden und Klagen verbringen, was als Zeitvertreib so gut ist wie jeder andere. Die Grundprobleme werden mit unsichtbaren *bricole* markiert und wie die Untiefen der Lagune gemieden, dazwischen bleiben schiffbare Fahrrinnen frei.

Dies ist die Geschichte einer nicht endenden Liebe, einer Leidenschaft, die unablässig genährt und angefacht wird. Es gibt ein bekanntes Sprichwort über die Liebe:

L'amore non e bello / Se non e litigarello*

Vielleicht gehört das Streiten zu diesem speziellen Fehler, wie das Stochern im großartigen Netz, die gespaltenen Spitzen einer wunderschönen Haarmähne.

Wenn ich an einem Sommerabend in Venedig Arm in Arm die knittrigen Falten der Straßen entlangschlendere, wenn mich dabei gelegentlich der unerwartete Duft einer Gardenie anweht, fühle ich mich aberwitzig glücklich. Im Fenice-Theater brüten, wenn im September die Konzertsaison wieder beginnt, danach spät zu Abend essen, unter einem Schleier von Weinlaub und Moskitos bei Tisch einschlafen, während das Fleisch und die Welt tranchiert und verteilt werden, und zum Murmeln des Gesprächs und zum Geräusch sich kräuselnder Wellen

* Liebe macht keinen Spaß / wenn sie nicht zankt

wieder erwachen – ich fühle mich sehr zu Hause. Am Fenster zu sitzen und das Kommen und Gehen auf dem Rio della Guerra zu beobachten, hat wenig von Arbeit. Ich schreibe gern in Venedig, ungeachtet der ständigen Unterbrechungen, denn ich mag die *Idee*, hier zu schreiben, so sehr, daß sie zum Ansporn wird.

Im ersten halben Jahr, das ich hier verbrachte, war meine Zeit so sehr durch Behördengänge beansprucht, daß ich keine Gelegenheit hatte, mich hinzusetzen und meine Schreibmaschine zu öffnen, also setzte sie Staub an. Inzwischen wurde der schlimmste Papierkram vom Staat unterschrieben, registriert und computerisiert, die Fotokopien von mir verwahrt, daher sind meine Vormittage ziemlich frei, aber aus schierer Gewohnheit gehe ich Tag für Tag einkaufen. Die traditionelle Fehde zwischen den zwei uralten venezianischen Parteien, den Castellani und den Nicolotti, endete offiziell 1848, als sich die Stadt im Kampf gegen die österreichische Herrschaft vereinte. Wo es früher erhitzte Kämpfe und Streitigkeiten gab, sind nur noch die Erwähnungen in den Reiseführern geblieben. Als wir eines Abends mit Freunden spät von einem Restaurant nach Hause stolperten, wurden wir alle von einem unheimlichen Frösteln befallen, und zwar auf dem Ponte dei Pugni unweit der Santa Barnaba-Kirche. Ob Vorkommnisse wie dieses kollektive Schauern auf die kalten Windböen von der Lagune zurückgehen oder aber Zeichen verdammter Seelen sind, die rufen – wer weiß. Obwohl Venedig gewißlich noch düsterer wirkte als selbst an einem grauen Novemberabend, wenn alle dort Ermordeten aus ihrem feuchten Grab herausreichten.

Die Geschäftsleute auf der Nicolotti-Seite der Rialto-
brücke versichern mir, die Castellani-Händler seien ausnahmslos Diebe und Schwindler. Das kleine Labyrinth
von Santa Croce mit seinen schlammigen und zum Teil
stehenden Kanälen hat die Maskerade größtenteils auf-
gegeben. In seinen Gäßchen finden sich nur rudimentäre
Spuren von Heiterkeit und Flitter. Die Hauseingänge
sind meist niedrig, mit kleinen Fenstern im feuchten
Mauerwerk der Fassaden. Schuhmacher, Lampenmacher,
Kupferschmiede, Drucker und Schreiner haben hier unter den dunklen, baufälligen Wohnungen ihre höhlen-
artigen Werkstätten eingerichtet. Seit ich meine Ausflüge
in die Bürokratie beendet habe, mache ich bei diesen
Handwerkern die Runde. Ihre Besuche in den Bars bestehen aus Herein und Hinaus, sie kippen einen Viertelliter
reinen Grappa oder ein Wasserglas sauren Wein und sind
wieder fort. Manchmal nehmen sie statt dessen eine
Tasse brühheißen Kaffee, der in einem Schluck hinuntergeschüttet wird (aber Kaffee, sagen sie, ist schlecht für
dich, wenn du zuviel denkst). Hier verweilt man nicht
müßig über einem Glas, abgesehen von den rituellen
Mußezeiten nach der Arbeit oder samstagabends. Meine
Besuche dort sind ebenso eilig, hinein und heraus, mit
nur wenigen Minuten dazwischen, um sich über den Zustand der Welt oder das Licht an jenem Tag auszutau-
schen. Manchmal sind ihre winzigkleinen Werkstätten
geschlossen, und an ihrer Tür hängt das ›Zurück in 10
Minuten‹-Schild. Fernweh ist schwer zu kurieren, der Be-
wegungsdrang sitzt tief.

Früh am Morgen, von den Geräuschen des Wassers
begleitet und bevor der Fußgängerverkehr in der Gasse

beginnt, setze ich mich zum Schreiben. Wenn keine Katastrophen eintreten, schreibe ich immer nur vormittags, egal, wo ich bin, daher ist für mich die hier übliche Schnelligkeit nicht schlecht. Gelegentlich verlagert sich die nervöse Energie, die morgens in der Luft liegt, von meinem Schreibtisch in meine Schuhe, dann hänge ich mein eigenes ›Zurück in 10 Minuten‹-Schild an meine Tür, um stundenlang fortzubleiben, ich wiesele zwischen den morgendlichen Marktständen umher oder schütte in einem Schluck Tassen brühheißen Kaffees hinunter.

Manchmal sitze ich in meinem kleinen blauen Arbeitszimmer wie ein exotischer Fisch in einer von Futter überschwemmten Glaskugel, das Aquarium wird trüb von dem Überangebot an neuer Kost, das Wasser schlammig. Manchmal bahne ich mir meinen Weg zum riesigen Freiluft-Theater San Marco, um dort bei einem Glas Wein müßig umherzugucken und mich von dem kulturellen Völlegefühl zu erholen, das ein zu intensives Nachdenken über die Stadt auslösen kann. ›Denken‹, sagte man mir, als ich ein junges Mädchen war, ›ist schlecht fürs Gehirn.‹ Venedig hat einen eigenartigen Reiz, der offenbar direkt ins Gefühl gelangt und dabei alle üblichen Denkprozesse umrundet. In dieser Stadt umherzugehen, durch sie hindurch zu schlendern oder zu drängeln ist so natürlich und sinnlich wie eine Liebkosung. In ihre gesprungenen und blinden Spiegel scheint eine Unterwasserspiegelung eingebaut. Glanz und Erblindung existieren dicht an dicht.

In Sommernächten, nachdem die Bronzeriesen auf dem Uhrturm ihre anstrengendste Stunde geschlagen haben und das Café Florian seine letzten Gäste auf den

*Im Café Florian an der Piazza San Marco*

angestrahlten Platz komplimentiert hat, habe ich die Straßen und Sehenswürdigkeiten gesehen, die vertraut sein sollten, es aber oft nicht sind. Um diese Stunde ist die Touristenflut versiegt und hat auf den abgetretenen Straßen nur jene schlafwandelnden Besucher zurückgelassen, die wie Fliegende Holländer die Stadt durchstreifen, bis der Morgen kommt. Im Laternenschein sind die Bögen der vielen kleinen Brücken getreulich im Wasser reproduziert. Jede streift einen Steinring über die Finger der Kanäle, die im Schutze der Nacht die Stadt durchforschen und liebkosen.

Das Spiegeln und Duplizieren gehört so sehr hierher, daß man aus der Stadt nur schwer klug wird. Ein überzeugender und zwanghafter Lügner wird bald Wahrheit und Erfindung durcheinanderbringen und statt dessen eine komplizierte Phantasiegeschichte spinnen, die an allen Punkten vertäut und festgebunden ist, wo Ungläubigkeit die Aufmerksamkeit des Publikums abziehen könnte. Venedig schaukelt, verzerrt, phantasiert, indem es verzaubert – Tausendundeine Nacht in Mauerwerk und Edelstein. Das Wasser spiegelt die Gebäude, die Gebäude das Wasser. Selbst der verwesende Leichnam des Hl. Markus (829 in Alexandria gestohlen und unter einer Ladung Schweinefleisch aus moslemischem Herrschaftsgebiet herausgeschmuggelt) spiegelt sich in den faulenden Abfällen der Märkte und dem sommerlichen Müll madendurchsetzter Mortadella-Brötchen, der den fleißigen *spazzini* entgeht. Moskitos kleben an Fenstern und Wänden in Mustern, die zarter Burano-Spitze ähneln. Die Ringe sind die Ringe der toten Dogen, die sich dem Meer vermählen, die Ringe der Schiffe und Boote, die an den Kais und an den Anlegestellen der Paläste vertäut sind, es sind die Ringe, die den Bullen durch die Nase gebrannt wurden, die zu Karneval durch die Gassen rannten. Es gibt Ringe im Schmiedewerk der Brücken und Balustraden. Blaßgeäderte Marmorscheiben sind in Fassaden eingelassen. Jeder Winkel wird reflektiert, jeder zweite Hauseingang ist mit Spiegeln behangen: je eine Handvoll Wasser, geschöpft und gerahmt.

Torcello (das Bischof Paulus von Altinum und seiner Gemeinde durch göttliche Intervention und die Weisheit des heiligen Petrus zugeteilt wurde) mit seinem Marschland und seiner Kathedrale mit den steinernen Fensterläden ist der Ort, wo in Venedig die Verzweiflung wohnt. Ich selbst entdeckte die Insel Torcello, als ich 1963 am Rande Londons in einem Kindersanatorium lebte – einem Ort, der ebenso desolat war wie Torcello, allerdings nicht im geringsten malerisch. Die vielen Jahre des Reisens und des Flüchtens, die auf diese Zeit folgten, waren die Folge meines Wunsches, dem erstickten Schluchzen kleiner Kinder zu entfliehen, die wie angeschlagene Motten in hüfthohem Gips gefangen und auf ihren hohen Eisenbetten befestigt lagen. Ich war mit zehn die Älteste dort; und während die meisten wegen Hüftkrankheiten behandelt wurden, erholte ich mich von einem Drüsenfieber, war daher nicht ans Bett gefesselt und konnte in dem langen Saal, wo sie litten, in den kleinen Kanälen rund um die Betten umherstreifen. In meinem Zimmer lagen nur noch drei Siebenjährige, und ich hatte einen Schrank voller Bücher, der jeden Sonntag neu bestückt wurde, wenn meine Mutter mich besuchen kam.

Ich war auf vielerlei Weise ein unausstehliches und frühreifes Kind; ich hatte viele Monate lang im Bett gelegen und mir die Zeit damit vertrieben, das Dritte Programm des BBC zu hören, mich durch die gut ausgestattete Bibliothek meiner Mutter zu lesen und Comics zu verschlingen, die meine älteren Schwestern mir ins Krankenzimmer schmuggelten. Ich las damals Hemingways *Über den Fluß und in die Wälder*, und ich verliebte mich in die Idee von Venedig und besonders Torcello. Seither bin ich jedes Mal, wenn ich in Venedig war, auf diese sumpfige Insel gepilgert. Den überwiegenden Teil des Jahres sieht Torcello wirklich aus wie der von Ruskin beschriebene ›Unrat aus Meeresschlick, von aschfahlem Grün‹, und die flache, verlassene Landschaft der Insel ist wahrlich ›leblos, sackleinenfarben, und das verderbende Meerwasser sickert durch die Wurzeln seines Salzgrases‹.

Die seltenen Male, wenn ich mich nach Einsamkeit sehne, fahre ich nach Torcello, wo ich mich, je nach Wetter, zusammenkauere oder aale. Im Sommer liege ich wie eine Eidechse auf einem Kissen aus dickem Sumpfgras und Wicken und lausche dem eintönigen Schmatzen und Saugen der Wellen an dieser flachen Brust von einer Insel, mit ihrer steingehauenen Brustwarze in Gestalt einer Kirche. Sie ist eine mönchische Mutter, in verblichene graue Witwenkleider gehüllt. Offenbar spricht man freundlich über sie, besucht sie aber selten. Sie liegt abseits des üblichen Handels, dort gibt es nichts zu kaufen und nichts zu verkaufen. Ihre farbenprächtige Nachbarin Burano hat ihre Spitze, ihr Flair und ihre Anmut, Torcello aber hat nur seine düstere Abgeschiedenheit, seine gedrungene achteckige Kirche und seine Geschichte. Jetzt gibt es dort sowohl Bars als auch Restaurants, aber es sind so wenige, daß ich sie entweder ignoriere und mir vorstelle, ich sei gestrandet und ganz allein, oder mich in einer wiederfinde, dankbar für ihren Wein und ihr Wasser und dankbar auch dafür, daß sie nicht von Ständen und Buden mit glitzernden Spiegeln, Strohhüten und Masken umgeben sind. Nahe der *vaporetto*-Haltestelle verkauft an heißen Tagen ein geschäftstüchtiger Händler holländisches Bier und Eis am Stiel an die ankommenden Pilger, und viele von ihnen schelten ihn wegen seiner Bemühungen. Torcello ist inzwischen weniger ein Heiligtum für den Geburtsort Venedigs, als vielmehr ein Heiligtum des amerikanischen Romans.

Es gab eine Zeit, da besprengte man seine berühmten Tuchwaren mit einer Substanz namens »Pestessenz« und exportierte sie dann zu den Feinden im Osten. Manchmal glaube ich, daß heute eine vergleichbare Substanz zusammengebraut wird, um sie auf die üppigen Topfpflanzen zu sprühen, die hier verkauft werden. Angesichts der rapide schwindenden Bevölkerung der Stadt einerseits und der großen Begeisterung für Blumen andererseits würden kaum noch welche gekauft, wenn alle Pflanzen, die verkauft werden, überlebten. Es gibt Dutzende von Blumenhändlern, jeder verkauft prachtvoll aussehende Palmen, Mimosen, Alpenveilchen, Farne und Tradeskantien, die vielfach die Lebensdauer eines Schmetterlings haben.

Meine Topfpflanzen wandern wie geschlagene Soldaten auf dem Rückzug von der Kanalseite der Wohnung zur Klosterseite. Und nachdem sie tapfer gekämpft haben, geben Oleander und Geranien eine nach der anderen auf und sterben, egal wie feucht ihre Wurzeln sind und wie gut ihre Erde. Selbst normaler Efeu, der anderenorts als Unkraut gilt, kümmert launenhaft an meinem Eisengitter und will nicht gedeihen. Nur Pflanzen, die ich anderswo kaufe und mühevoll importiere, überleben. Hoffnung triumphiert über Erfahrung, wenn ich Besonderes und Exotisches einkaufe. Mir fehlt ein Garten, das gehört zu den wenigen Dingen, die mir hier fehlen. Der Klostergarten ist größtenteils gepflastert, und der Oleander wird von Nonnen gepflegt, nicht von mir. Ich träume davon, hier eines Tages einen Garten zu kaufen und Zierbüsche und wilden Wein zu hegen und zu pflegen. Schnittblumen, die mir immer wichtig waren, sind es nun um so mehr. Die ganze kurze Blütenzeit über fülle ich die Wohnung mit Mimosen. Sie werden geschenkverpackt vom Rialto geliefert.

Ich weiß nicht, warum ich mir hier so oft Blumengeschenke mache; ich könnte einfach Sträuße kaufen und nach Hause tragen; oder ich könnte sie schicken lassen, aber nicht so aufwendig verpackt. Wenn es an der Tür klingelt, ich die Türe öffne und einen *facchino* mit einem bändergeschmückten Bouquet sehe, finde ich es eigenartig, daß ich solch eine angenehme Überraschung empfinde, obwohl ich die Blumen wenige Stunden zuvor selbst ausgesucht und bezahlt habe. Es ist ein wenig, als schriebe man sich selbst Briefe, steckte sie ein, öffnete sie dann und täte so, als sei ihr Inhalt unbekannt. Ich vermute, es gehört zu Venedig und seinen Schichten von Verstellung, seinem Maskenspiel, das in Fleisch und Blut übergegangen ist.

Das Leben hier hat einen anderen Rhythmus; keine andere Stadt funktioniert ganz auf diese Weise. Leningrad, die erste ausländische Stadt, die ich besser kennenlernte, ist auch auf über einhundert Inseln erbaut und durch Brücken und Wasserwege verbunden, aber es hat eine völlig andere Atmosphäre. Amsterdam, das oft als ähnlich bezeichnet wird, könnte kaum unähnlicher sein bei der geometrischen Anlage und der nordischen Präzision seines Rasters. Ein Teil von Venedigs Charme ist eben diese Unordnung; es liegt etwas Prunkvolles in seinem orientalischen Durcheinander. Ich finde seine wechselnden Rhythmen ansteckend wie die eines Videospiels. Ich merke, daß ich anders denke; nehme lange und langsame Anläufe, lasse mich treiben. Dann wieder aneinandergereihte Bruchstücke. Mein Gehirn rast und schläft abwechselnd. Die Kirchenglocken läuten und zerstückeln die Tage, ich teile meine Zeit immer mehr so ein, daß sie der ihren folgt.

Ströme von Wein und Grappa fließen täglich durch hiesige Kehlen. Ich habe an der Riviera einmal praktisch einen ganzen Sommer in einem Café Roma verbracht und dann ausgerechnet, daß wir als Familie für die Gesamtsumme unserer Bar-Rechnungen ein kleines Haus hätten kaufen können. Jetzt verbringe ich mehr Zeit denn je in Cafés, betrachte die Welt durch Glas. Als Live-Fernsehen ist es nicht besonders aufregend, aber als Art, die menschliche Natur zu beobachten, ist es wundervoll. Verschiedene Bars an verschiedenen Orten sind wie verschiedene Programme. Ich glaube, wenn ich lange genug im Café Florian säße, tagein, tagaus, hätte ich irgendwann die gesamte mobile Bevölkerung Venedigs gesehen

*Blick von der Piazetta*
*auf die Abtei San Giorgio Maggiore*

sowie Millionen von Besuchern, die vorbeiparadieren. In den Karnevalwochen füllt sich das Café Florian mit phantastisch Kostümierten (die, wie ich einräumen muß, meist angereiste französische oder österreichische Karnevalisten sind), während sich auf den roten und weißen Marmorplatten davor schaulustige Ausländer und Einheimische drängen, die nur gekommen sind, um diese Maskierten zu betrachten. So gibt es jene hinter der Scheibe, die hinausschauen, und jene vor der Scheibe, die hineinschauen, das wiederholt das Muster des Gedoppelten, des gedoppelten Anblicks, Grappa-Augen im riesigen Fischernetz der Lagune gefangen.

Die abgetretenen Steinplatten der gewaltigen Kolonnaden von San Marco waren einmal die Markierungen für die zahllosen Stände, die sich dort befanden; jetzt wirken sie eher wie eine kolorierte Phantasie; rot für die Händler, die reich wurden, weiß für all die Kunden, die sie zur Ader ließen. Im Grunde hat sich nicht viel verändert, die Stände sind zwar verschwunden, aber die venezianischen Preise schießen in die Höhe, auch sie haben Flügel bekommen. Der Preis von allem hier ist eine Übertreibung. Säße ich lange genug im Florian, ich wäre bankrott. Es ist ein milder Trost, daß der finanzielle Ruin in Venedig ausgesprochen Tradition hat. Die hohen Preise zielen auf leicht zu täuschende Ausländer, verkrüppeln und verstümmeln jedoch die Venezianer selbst, treiben sie auf die andere Seite der Lagune. Und es gibt für die Arbeiter hier keinen Ausgleich für die Touristenpreise.

In ruhigen Gassen, an den Hintertüren zahlreicher erschöpfter Restaurants, lassen weißbejackte und schwarzbeschlipste Kellner ihre müden Häupter auf Kissen aus Zigarettenrauch ruhen. Sie starren leer in die Nacht, die Augen leblos, nachdem sie einen weiteren Abend lang die Stadt bedient haben, die sie auffrißt. Straßenlampen werfen Schatten über die stolzen, verträumten Profile der Kellner. Selbst an Sommerabenden liegt Traurigkeit in der Luft; sie fängt sich in Rauchnestern, die den Winternebel imitieren. Durch die Erschöpfung hindurch meine ich in diesen venezianischen Augen eine angeborene Schwermut zu sehen.

Hier gibt es zwei deutlich verschiedene Menschentypen und zwei Arten von Augen. Da sind die dunklen glanzlosen Äuglein, die scharf in blassen, konturierten Gesichtern sitzen. Das sind die östlichen Augen; sie sind nicht geschlitzt, lassen aber an levantinische Korinthen denken. In ihrem matten und ungewöhnlich dunklen Braun scheinen sie nicht nur das Licht aufzunehmen, sondern auch Preis und Wert von allem, was sie sehen. Dies sind die Morgenaugen, die umherflitzen und hasten. Der zweite Augentyp ist ungewöhnlich blaß und klar, er reicht von Hellgrün bis Pastellblau und einem verschossenen Grau. Es sind die Farben der Lagune, diese Augen sind viel größer als ihre korinthenartigen Verwandten und nicht so nervös; die blassen Augen gucken benommen und etwas verdutzt, gleichsam ständig verwundert und verblüfft, während sie etwas Traurigem nachzulauschen scheinen. Beide Typen gibt es in vielen ungewöhnlich schönen Exemplaren, vor allem im Sommer, wenn die Dunkeläugigen sonnengebräunt sind und eher gewitzt als berechnend wirken.

Abends, zwischen den trägen Wassern, gibt es unter

den Kellnern beide Typen in Fülle. Wenn die Straßen halb verlassen, wenn die eigenen Schritte und die Glockenspiele die einzigen Geräusche sind, vom Plätschern des Wassers begleitet, blicke ich in diese träumenden Augen, die wie Jade, Chrysoberyll und Opal, Türkis und andere Halbedelsteine in stolzen und kurzzeitig versteinerten Köpfen sitzen, und ich frage mich, woran sie denken. Ich phantasiere, daß sie alle an das alte Sprichwort denken: ›Lieber einen Tag lang Löwe, als hundert Tage ein Lamm.‹

Überall in Venedig gibt es Löwen, große, kleine, mutierte, angestoßene und kaputte. Die Venezianer sind stolz und von Natur angriffslustig, sie haben kein Verteidigungssystem. Augen in der ganzen Stadt scheinen sich nach der vergangenen Freiheit der Jagd zu sehnen. Die großen Klauen des Arsenals sind seit geraumer Zeit eingezogen, nicht jedoch im Denken jener Männer, die im Widerschein ihres mythischen Glanzes aufwuchsen.

# DIE HERBST-NEBEL

*Herbst in Venedig bedeutet Luft
und Licht. Filigrane Nebel tasten sich
in jeden erreichbaren Winkel vor.
Dicke Scheuklappen aus Nebel necken
und locken. Alles nimmt die Grau-
und Mauvetöne von Taubenrücken an,
sie legen sich erst auf die
burgunderfarbenen Blätter des wilden
Weins, löschen sie dann aus.*

Ein weiterer Morgen hat sich mit seiner Symphonie früher Rufe in mein Schlafzimmer gemogelt. Das Kratzen der Nonnen, die vor meinen Fenstern den Klosterhof fegen, klingt wie eine geflüsterte Mißbilligung meiner schläfrigen Lethargie. Die Glocken von San Marco und San Lio läuten ihre Viertelstunden, wie asynchrone Echos voneinander. Ich höre das gedämpfte Motorengeräusch der Fähren und Arbeitsboote, die den Rio della Guerra hinuntertuckern. Bald wird es an der Tür klingeln, und ich werde nicht wissen, ob es der *spazzino* auf seiner täglichen Müllrunde ist oder der Paketbote. Meist ersterer, ein dunkler und nachdenklicher Mann in den Dreißig, dessen Eifer, mich täglich mit einem Gruß in seiner Heimatstadt willkommen zu heißen, meinen Schlaf verkürzt. Aber er brach als erster der hiesigen Arbeiter sein indifferentes Schweigen, also führe ich unsere flüchtige Beziehung, die ausschließlich auf ›buon giorno‹ beruht, aus einem Gefühl der Dankbarkeit weiter. Es war kein roter Teppich, aber es war ein Anfang, und mit der Zeit folgte die übrige Nachbarschaft.

Lange bevor der normale Postbote sich mit etwas so Banalem wie einem Klingeln ankündigt, bedenkt er die enge *calle* mit Fetzen seiner Lieblingsarien. Sein Repertoire umfaßt *La Traviata* und Puccinis *La Bohème*. Er ist dramatischer Tenor mit offenbar unermüdlicher Stimme. In den ersten Monaten wollte er mehrfach von mir wissen, ob ich Puccini möge, und er fragte in einem solchen Ton, daß ich nicht gewagt hätte, es zu verneinen.

Draußen auf dem Ponte Balbi rattern schon die Karren mit gequältem Poltern die Brücken hinauf und hinunter. Das Schubsen und Drängeln der Lieferjungen ist im Gange, während die Stadt erwacht, Schicht um Schicht, wie ein Marionettentheater in den Händen eines erfahrenen Marionettenspielers.

Von irgendwo in der benachbarten Klosterschule dringt das Geräusch kleiner Kinder herüber, die ihr tägliches *Ave Maria* singen. Mein kleiner Sohn ist unter ihnen, in seinem gestärkten schwarzen Kittel mit dem blütenweißen Kragen. Seine Schuhe sind noch makellos sauber (sind sie es nicht, wird er bis Mittag nach Hause geschickt). Sein englisches Kindermädchen kämpft darum, den hohen Standards der Klosterschule gerecht zu werden, wo Kleidung, wie in ganz Venedig, von größter Bedeutung ist.

Bevor ich herzog, war ich jahrelang zu Besuchen von unterschiedlicher Dauer nach Venedig gekommen und hatte es in aller Regel mit exotischen Neuerwerbungen für meine Garderobe wieder verlassen: Dreispitzen mit Schleiern und Federn, Capes, schweren Mänteln und Wämsen, die ich liebend gern trage. In der Stadt aber ist es völlig ausgeschlossen, außerhalb der Saison etwas zu tragen, das auch nur entfernt an Karneval erinnerte. Extravagante und elegante Kleidung wird respektiert, ja erwartet, aber das Ritual des Karnevals ist zu ernsthaft, als daß man damit spaßen dürfte.

Wenn ich den *palazzetto* verlasse, in dem ich wohne, schlagen die verschiedenen Glocken die Stunde. Es ist neun Uhr – Zeit für meine erste Verabredung in der Nähe des Rialto. In einer kleinen Café-Bar am Campo San Bartolomeo trinke ich Kaffee und tausche Grüße mit meiner Tochter aus. Wir begegnen uns, wie Schiffe auf hoher See, bis zu einem Dutzend Mal am Tag, in Cafés oder auf der Straße. Der Ablauf des Nachtlebens wird zum Teil durch die Schließungszeiten der Bars und Restaurants vorgegeben. Das Florian schließt, ganz wie ein aufgeputztes Aschenbrödel, um Mitternacht. Dort bestimmen wir immer den Ort für unsere erste Verabredung am folgenden Tag. Es wäre einfacher, jeden Tag am gleichen Ort zu frühstücken, aber das Geheimnis der Stadt scheint einen Umlauf von Treffpunkten zu erfordern. In der kurzen Zeit, die wir brauchen, um unseren Kaffee zu trinken und ein paar *tramezzini* zu essen, sind mindestens zwanzig Leute in die Bar hinein- und hinausgeeilt, haben ihren Kaffee hinuntergeschüttet, einige Freunde begrüßt, ihre nächste Verabredung getroffen und sind weitergezogen.

Der Anmarschweg zum Ponte di Rialto ist vollgestellt mit Ständen – Halstücher, Handschuhe und Schirme – die, lange bevor die ersten Morgennebel aus der Lagune aufgestiegen sind, auf das Schwinden des Sommers hindeuten. Wir sind auf dem Weg nach Santa Croce, am anderen Ende der Stadt, wo wir für sechs Monate eine weitere Wohnung gemietet haben, um Platz zu haben, während unsere eigene umgebaut und renoviert wird. Ich mache die Tour nach Santa Croce mehrmals täglich, fädele mich durch Seitenstraßen und Plätze, unter Bögen hindurch und über Brücken, finde meinen Weg mit einer Leichtigkeit, die mich erstaunt. En route sammele ich ›buon giorno‹ wie Souvenire.

Am Fuße des Rialto, auf der Riva del Vin-Seite des Canal Grande, wähle ich in Gedanken die Blumen, die ich auf dem Rückweg kaufen werde. Dann schiebe ich mich durch das lautstarke Gedränge des Obst- und Gemüsemarktes. Das Fehlen umliegender Felder oder Gartenbaubetriebe im Stadtgebiet hat bei der Bevölkerung eine Liebe für Exotik erzeugt; hier gibt es die seltensten Früchte. Der orientalische Basar aus alten Zeiten, als Türken und Mauren alles, von Edelsteinen bis zu Gewürzen, verkauften, ist noch da, auf diese eine Straße zusammengedrängt, er füllt sie mit dem Duft von Zimtstangen, tropischen Früchten und Datteln. Miss Thackeray sah, daß ›auf diesem geschäftigen Markt alle Bildnisse aus allen Kirchen kaufen und verkaufen; Jungfrauen gehen vorüber und tragen ihre Kinder; der Heilige Paulus feilscht um seinen silbernen Fisch; Judas verbeugt sich tief vor einem dicken alten Mönch, der seine braunen Röcke schürzt und mit bloßen Beinen eine geheimnisvolle schwarze Gondel besteigt ... Eine Ecke des Marktes gehört ganz den koboldgleichen Kürbissen, Tomaten häufen sich auf den Ständen‹. Wenig hat sich seither verändert. Man ruft und schubst und reicht mit dem Obst und seinem Preis den letzten Klatsch hinüber.

Hinter den schwer beladenen Ständen bei den metallenen Lagerkäfigen, die zum Wasser führen, döst in den leeren Holzkisten ein Gewirr streunender Katzen. Am anderen Ende sind Stände mit Krimskrams und Schmuck. Hier geht es so laut zu, daß der Lärm der Menschen über den Köpfen brummt wie ein Hornissennest. Es heißt: ›Echte Venezianer erzählen sich ihre Vertraulichkeiten über einen halben Kilometer Entfernung.‹

Nach Obst und Gemüse kommt die Pescheria, ein riesiger Eisenskelett-Pavillon, errichtet auf den Ruinen des ehemals spektakulärsten Palastes Venedigs – des Palazzo Maggiore der Querini-Familie, die durch ihre Beteiligung an der Tiepolo-Verschwörung zugrunde gerichtet wurde. Als Zeichen ihrer Schande bestimmte man, daß ihr Familiensitz der Ort des Fischmarktes sein sollte. Auf Schuppen und Kiemen der Fische mischen sich die zwölf Pigmentfarben einer Renaissance-Palette in allen erdenklichen Schattierungen. Krebse zucken in ihren Kisten, während ich vorübergehe, große, träge Karpfen schnappen in ihrem seichten, schäumenden Schlick nach Luft. Dort gibt es ›silberne Fische, mit olivgrünen Blättern und Sternen gebunden, goldene Fische, wie in einem Wunder…‹, mit Miss Thackerays Worten. Wirte und ihre Vertreter wetteifern mit Hausfrauen und Dienstmädchen um die besten Stücke.

Am entgegengesetzten Ende, vom Canal Grande weg, wölbt sich eine morsche hölzerne Fußbrücke zum ältesten Restaurant der Stadt, La Antica Trattoria Poste Vecie, wo der Tagesfang filetiert und garniert unter einer Holzbalkendecke aus dem siebzehnten Jahrhundert serviert wird, unter der ein naiver Fries der Sieben Todsünden umläuft.

Rialto war früher das Zentrum Venedigs; und wenn Gedränge entscheidet, wo das Herz sitzt, ist die Pescheria das wahre Zentrum Rialtos. Unter dem säulengetragenen Dach, Wind und Regen ausgesetzt, hat der Fisch-

*Canaletto, Blick von der Chiesa degli Scalzi auf den
Canal Grande. 1738. Ausschnitt*

markt seinen eigenen gespenstischen Hüter. Jeden Tag breitet ein ehemaliger Fischer ein Stück Styropor aus und legt sich darauf, in eine dicke Decke gehüllt, schläft von fünf bis fünf oder täuscht Schlaf vor, atmet die übelriechende Luft ein. Niemand hat ihn je gestört, wenn er dalag, das Gesicht im Bahrtuch einer Decke verborgen. Er scheint ebenso stolz wie die alten Damen, die herausgeputzt und mit geradem Rücken zu mehreren über Tassen purpurfarbenen Kakaos sowie Aperitifs sitzen, jeden Nachmittag zwischen drei und fünf am Markusplatz, im hinteren Teil des Café Lavena und seines eleganten Nachbarn, des Café Quaddri, wo sie in mißbilligendem Flüsterton reden und an ihren langen, aristokratischen Nasen entlangblicken. Sie nehmen kreideweißen Puder für ihre Pergamenthaut. Er setzt sich in haarfeinen Rissen ab, und dort scheint in nahezu unsichtbarer Tinte eine Chronik geschrieben, die nur sie entziffern können. In einer sich wandelnden Zeit klammern sie sich mit behandschuhten Händen aneinander wie elegante Überlebende eines schiffbrüchigen Ozeandampfers.

Der Tag schaukelt gemächlich zwischen den Ufern des Canal Grande, die breiten Marmorstufen des Rialto auf- und abschreitend. Die Menschenmenge ist eine sich ständig ändernde Mischung, die im Campo San Bartolomeo umgerührt wird. Die Touristen kommen zu Fuß vom Bahnhof, sie folgen einander, den Schildern und den Pfeilen, die ihnen den Weg zu San Marco weisen. Sie tröpfeln fort und hinterlassen von dieser satten Mischung nur die Neige und kristallisierte Früchte. Wagemutigere Besucher, die weniger ausgetretenen Wegen folgen, laufen manchmal so in ihre Reiseführer vertieft herum, daß es aussieht, als trügen sie riesige Wäscheklammern auf der Nasenspitze, um den widerwärtigen Geruch der Spätsommer-Kanäle fernzuhalten.

Man neigt dazu, vielem nachzutrauern, was in Venedig vorüber ist, und es fehlte nicht viel, man empfände eine nostalgische Sehnsucht nach dem bestialischen Gestank, für den es einmal berühmt war. Ich erinnere mich, daß es ihn bei meinem ersten Besuch vor etwa zwanzig Jahren noch gab, beziehungsweise eine bereits abgeschwächte Variante davon. Bei besonders niedriger Ebbe oder im Hochsommer stinken immer noch einige Bezirke nach Abwässern, im großen und ganzen registriere ich jedoch eher die angenehmen Gerüche der Stadt. Die früheren, abstoßenden Gerüche sind fort. In Florenz und vielen anderen italienischen Städten sind die Abwässer viel stärker bemerkbar als hier. San Bartolomeo ist eher vom Aroma des Espresso durchdrungen, der in den Bars gemacht wird, und es riecht nach frisch gebackenem Brot und Hefekuchen, Torten, Leder und einem Dutzend verschiedener Parfums und Aftershaves, vorüberwehende Düfte, die unterschiedlich Freude bereiten.

Die Menschenmenge wächst und schwindet, es bleibt nur wenig am Schüsselrand kleben. Jemand verkauft Lotterielose, preist seine Waren mit unglaublich tiefer Stimme an. Es gibt einen bewaffneten Wachmann vor der Bank, und vor einem Geschäft schaut ein kleiner Mann mit flinken Augen die Passanten erwartungsvoll an. Außerdem gibt es die Verkäufer von Handschuhen und Halstüchern, die ihre Einnahmen in fast mechanischer Geschwindigkeit wegstopfen; und manchmal, wenn die Sonne am wärmsten ist, geht Signora Elena in ihrem

Schneckentempo die Straßen zwischen Rialto und Accademia entlang, tankt die letzten Sonnenstrahlen, folgt ihnen echsengleich von Mauer zu Mauer. Sie aalt sich in der schwindenden Wärme, um ihre stets klammen Knochen zu trocknen. Sie hat im Verlauf der Jahre ihre Pelze und ihren Schmuck verloren, ebenso ihre Familie und Freunde. Signora Elena ist ein Relikt aus der Vergangenheit, zu Hause an ihrem Geburtsort, dessen Schicksal dem eigenen gleicht. In ihren mottenzerfressenen Kragen und waghalsig schief sitzenden Hüten ist sie in ihrem Element, und sie spricht Fremde an, um es ihnen zu sagen. Dies ist ihre Stadt. Sie besitzt sie. Die Kirchen und die Paläste gehören ihr, sagt sie. Der Winter kommt und Arthritis läßt ihre Gelenke schwellen. Sie kann die *acque alte* am Zustand ihrer Knöchel ablesen. Sie ist die reichste Frau der Welt, sagt sie (langsam, denn die Worte stolpern und verheddern sich auf ihrer uralten Zunge), sie ist die Erbin der schönsten Gebäude Europas. Wir verabreden uns auf ein andermal, dann schlappt sie weiter zu einem blassen Sonnenstrahl, schiebt sich in Richtung seines Ursprungs.

Auch ich schiebe weiter, bahne mir den Weg zurück nach San Lio, drücke mich in Hauseingänge, um Jungen vorüberzulassen, die Tabletts voll Brot und Fisch auf dem Kopf balancieren. Sie liefern den Trattorien Nachschub für das Mittagessen. Meine eigenen Einkäufe werden inzwischen nach Hause geliefert worden sein. Meine Hebammentasche ist mit dem Sammelsurium einer frühmorgendlichen Expedition angefüllt. Wohin ich in der Stadt auch gehe, überall gibt es persönliche Marksteine, die jede Entfernung zwischen zwei Stellen schrumpfen lassen. Ich habe in so vielen Hotels und *pensioni* gewohnt, daß mir die meisten *sestieri* entfernt bekannt vorkommen, nichts aber ist mir vertrauter als die lange dunkle Klostermauer mit ihrem wuchernden wilden Wein, der sich leuchtend rot anklammert und dessen letzte Blätter in dieser windstillen Gasse relativ geschützt sind.

Jeden Tag plage ich mich mit den Schlössern der großen Außentür unserer Wohnung herum. Drei Schlösser müssen bezwungen werden, zwei müssen sich mehrere Male zum Kanal hin drehen. Mein Mann und ich ließen unsere Namen auf ein Messingschild unter der Klingel gravieren. Man sagte uns, es sei gesetzeswidrig, den Namen nicht an der Tür zu haben. Damals wußten wir nicht, daß in Venedig fast alles gesetzeswidrig ist. Robbies einzelne Rose, verpackt und mit einem Geschenkband, wird auch gekommen sein, und es ist Zeit für unseren Morgenspaziergang und einen Aperitif, bevor die Klosterglocken zu läuten beginnen und die Klosterschule ihre Gefangenen auf Zeit durch die schweren Tore entläßt. Venedig hetzt am Morgen und entspannt am Nachmittag. Ich brauche etwas Zeit, um mein Tempo zu ändern. Ich mag ruhig wirken, wenn ich meinen *prosecco* nippe und in meinem Teller Oliven herumstochere, aber mein Gehirn rennt. Es rennt über den Platz mit einer Gruppe, die dem Aussehen nach schwedische Sportler sind und die halsbrecherische Tour vom Bahnhof und zurück in einem Tag machen müssen, einschließlich Gondelfahrt, einige Tintorettos, und ein Bellini in Harry's Bar. Dabei schleppen sie die ganze Zeit zwanzig Kilo Murano-Glas mit sich herum. Letzteres ist in der Menschenmenge den Gefahren ständiger Nahkämpfe ausge-

*Canaletto, Der ›Bucintoro‹ an der Mole von*
*San Marco. 1732. Ausschnitt*

setzt, wobei sich einige in der Menge einen Vorteil verschafft haben durch Bewaffnung mit einem Koffer in jeder weißknöchligen Faust. Das zerbrechliche Kristall muß, wie Venedig selbst, die Gefahren des unablässigen Gedränges bestehen. Es ist die moderne Entsprechung der Stiere, die früher zur Karnevalszeit durch die Straßen rannten, und die Porzellangeschäfte sind überall um sie herum.

Die *Regata Storica*, eine Flotte historischer Boote, die den Canalazzo hinunterfährt, findet am ersten Sonntag im September statt. Wie bei jedem Bootsrennen hängt, was man sieht, davon ab, wo man ist. Als ich das erste Mal zufällig während dieses Festes nach Venedig kam, wurde ich (wenn auch unbeabsichtigt) Teil der Show. Ich hatte mit Robbie und seinem besten Freund eine Woche am Gardasee verbracht. Beide mußten am folgenden Tag von Mailand abfliegen, ich mußte mit dem Zug zurück nach Ligurien zu den Kindern. Ein Tag war über, und wir beschlossen es vielen anderen gleichzutun und einen Tag in Venedig zu verbringen. So wurden wir für die Dauer eines Nachmittags und eines Abends drei weitere Flöhe auf seinem Rücken. An der *vaporetto*-Haltestelle vor dem Bahnhof drängten sich die wartenden Fahrgäste, daher beschlossen wir, eine Gondel zu nehmen. Erwartungsvolle Menschen säumten die Ufer des Kanals. Ich bemerkte, daß auf der Brücke außergewöhnlich viele Menschen herumstanden. Aber die übliche Sturzflut erster Venedig-Eindrücke verhinderte jedes Gefühl dafür, was wirklich los war oder worauf die große Menschenmenge wartete.

Der Stand mit prallen, glänzenden Feigen und tief erröteten Nektarinen war da mit letzten Erfrischungen, bevor man die Ernährungswüste italienischer Züge besteigt. Gegenüber sammelte die barocke Chiesa degli Scalzi hinter einer Gerüstverkleidung Taubendreck. Dort waren angeblich Bauarbeiten im Gang. Doch die Pfähle und der graffiti-verzierte Bretterzaun waren ein ebenso vertrauter Anblick bei der Ankunft wie der Kanal selbst und die unregelmäßige Kette von Hotels und *pensioni*, die der Piazza Manfrin die ziemlich verwahrloste, ewig provinzielle Atmosphäre eines Hinterhofs verliehen, der mit halbvergessenem Gerümpel der eigenen jüngsten Vergangenheit vollgestellt ist.

Die Gondel fuhr unter dem Ponte degli Scalzi entlang, von einem schweigenden Gondoliere gerudert. Es gibt zwei Arten von Gondoliere, die durch ihr Verhalten auffallen: den geschwätzigen, kenntnisreichen Fremdenführer, der jede sanfte Wendung seines Bootes mit seinen Reden begleitet, Geschichte und Verwendungszweck eines jeden Palastes erklärt, an dem er vorüberkommt. Nur der Dogenpalast durfte so heißen, alle anderen Gebäude in Venedig waren nichts als Häuser, wie großartig sie sein mochten. Also spricht der vorsichtige Tourist von Häusern, wo der Venezianer ohne Scham praktisch alles außer Kirchen als Palazzo oder Palazzetto bezeichnet. Der gesprächige Gondoliere wird einem seine Variante der venezianischen Geschichte erzählen, die an vielen Punkten von der jedes anderen Venezianers abweicht. Selbst die Geschichtsbücher divergieren, nur bei bestimmten Schlüsselereignissen und -personen überlappen sie einander wie Wellen am Strand.

Nach meinem ersten halben Dutzend Fahrten mit gesprächigen Ruderern, die als Zeremonienmeister eines Architekturballs fungierten, begann der Neuigkeitswert der Liste bedeutender Familien, Adliger und Dogen zu verblassen. Die eingemachte Geschichte beidseits des Canal Grande schmeckte in dem Maße zunehmend ranzig, wie meine Vertrautheit mit der Namenslitanei wuchs. Flangini, Gritti, Labia, Marcello, Querini, Tron und Vendramin wurden zu Störungen, die auf dem Wiegenlied meiner eigenen Gedanken trieben, zu Unterbrechungen der reflektierten Stille in meinem Kopf.

Daher ziehe ich den schweigsamen Gondoliere vor. Es gehört zu den Vergünstigungen eines Lebens hier, daß man einige kennenlernt und dadurch sowohl dem Geplapper als auch der säuerlichen Gleichgültigkeit entgeht. Leider habe ich es nie zu dem gebracht, was das venezianische Äquivalent zu Freibier wäre: der Freifahrt.

Wie dem auch sei, am fraglichen Tag hatte sich die Menge versammelt, um die *Regata Storica* zu sehen, und sie wartete auf den Festzug der kostümierten Ruderer. Manchmal kleide ich mich exzentrisch, und Robbie verwöhnt sein Malerauge stets, indem er sich wie ein Dandy kleidet. Dieser Sonntag war keine Ausnahme, und als wir den Canal Grande entlangglitten zum Ponte di Rialto, auf Wasser, das wegen der bevorstehenden Regatta wie leergefegt war, sah ich durch den schwarzen Schleier meines mit Seidenfedern geschmückten Hutes, wie die ungeduldigen Zuschauer unserer versprengten Gondel zuwinkten, als seien wir das Flagschiff des kommenden Ereignisses. Ich stellte mir vor, meine Heldinnen – La Duse oder la Marchesa Casati – seien so gegrüßt worden, und erwiderte das Winken und Jubeln, indem auch ich winkte. Näher werde ich dem persönlichen Ruhm hier auch in Zukunft nicht kommen; eine kleine Betrügerei in dieser Stadt, mit der ich aufgrund erschwindelter Indizien durchkam.

In anderen Jahren war ich Teil der Menge, bei Fehlstarts nervös und nach stundenlangem Warten gelangweilt, nur um dann durch einen Moment der Unaufmerksamkeit die Prozession auf dem Wasser zu verpassen. Kurz nach der *Regata Storica* beginnt das Schuljahr und die kleiner werdenden Klassen versammeln ihre Schüler. Die Kindergartenkinder tragen weiß und sind den ganzen Tag untergebracht, auf freiwilliger Basis. Die Grundschulkinder tragen schwarze oder marineblaue Kittel, mit einfachem weißem Kragen für die Buben und alles zwischen schlichter Baumwolle und Rüschen aus Buranospitze für die Mädchen. Diese Schulen unterrichten nur morgens. Mein Sohn, in seinen schwarzen *grembiule*-Kittel mit weißem Kragen gekleidet, absolviert jeden Morgen auf seinem kurzen Schulweg um den Block ein Spießrutenlaufen. Er hat blonde Ringellocken, die die Venezianer (wie viele Italiener) mit dem Jesuskind assoziieren. Beladen mit seinem Ranzen, der Bücher und das vorgeschriebene Schulfrühstück eines jeden Schulkindes, nämlich ein Schächtelchen Aprikosensaft und ein Stück Kuchen enthält, duckt er sich und rennt, um den ausgestreckten Händen zu entgehen, die seine Locken berühren wollen, begleitet von den unvermeidlichen Vergleichen mit *Gesù Bambino*.

Vor und nach dem Öffnen und Schließen der Klostertüren wird die Salizada San Lio fünfzehn Minuten lang zu einer Durchgangsstraße für Kinder und Eltern, die sich im Vorübereilen grüßen. Die Nonnen sind streng und lassen kein Kind ein, das zu spät kommt. Es ist rührend zu hören, daß die Kinder voneinander mit vollem Namen sprechen, als seien sie so viele, daß man verwechseln könnte, welchen Gabriele oder welchen Paolo sie meinen. Augustus Hare schrieb, ›Jeder venezianische Junge heißt Giovanni, und jedes Mädchen ist Maria – Namen, die sie vor den Hexenmächten schützen sollen.‹ Jetzt gibt es hier ebensoviele Namen wie im übrigen Italien, und aufgrund der schwindenden Bevölkerung und der Geburtenkontrolle gibt es kaum genug Kinder, um Verwechslungen entstehen zu lassen.

Die Schulen bleuen einen Sinn für Geschichte ein. Die erste Heftseite eines jeden Tages beginnt mit der Überschrift ›Venezia‹ und dem Datum, als kämen eines Tages alle Schulhefte in das Staatsarchiv neben der Frari-Kirche. Weitaus mehr als alle anderen Städte war Venedig von der Dokumentierung seiner selbst besessen. Kein Wunder also, daß es auch heute noch Millionen von Unterlagen, Photokopien, Computerausdrucken und Genehmigungen sammelt. Jedesmal, wenn ich am Schalter meiner Bank ein neues Scheckbuch bekomme, erhalte ich einen Brief, der mir dies mitteilt. Jedesmal, wenn ich den großen Schrank in meinem Arbeitszimmer öffne, grüßen mich Dokumente stapelweise. Dieser Schrank, der durch eine Abfolge von Testamenten und Scheidungen in meinen Besitz kam, gehörte der Großtante Connie meines Stiefvaters, und es scheint schon eigenartig genug, daß dieses Stück aus meiner Kindheit jetzt an einem venezianischen Kanal gelandet ist; der bizarre und kafkaeske Inhalt macht es noch eigenartiger. – Vor fünf Jahren träumten Robbie und ich davon, in Venedig zu heiraten. Wir hegten Visionen von einer silbernen Gondel, mit Schleiern und Blumen geschmückt und von einer Gondel-Prozession mit unseren Gästen gefolgt. Vor vier Jahren begannen wir mit den Vorbereitungen und fanden (nach vielen Monaten) den Papierkram so schwierig, daß wir die Idee aufgaben und statt dessen in Schottland heirateten. Es ist harte Arbeit, die Dokumente zusammenzubekommen, die ein venezianisches Paar zum Heiraten oder gar Wiederheiraten benötigt, für uns aber erwies es sich als nahezu unmöglich, nicht zuletzt deshalb, weil es der Bereitwilligkeit des britischen Konsulats bedurft hätte, und so etwas ist in Italien von vornherein aussichtslos.

Der Herbst in Venedig kommt und geht ohne die vertrauten Zeichen, die ich von anderen Orten kenne. In den Tropen gab es die Trockenzeit und die Regenzeit, ohne die Jahreszeiten des Übergangs wurden sie so eintönig wie die davor. Dort fehlten mir die englischen und europäischen Herbste meiner Kindheit, aber mit der Zeit paßte ich mich den längeren Zyklen der Landschaft um mich herum an. In Venedig fehlt eigentlich dem sterbenden Jahr die Landschaft. Die Künstlichkeit dieser Stadt ist von September bis November am deutlichsten, wenn die Abwesenheit der Bäume auffällt. Es gibt weder Restwälder noch Heide. Blätter fallen hinter hohen Mauern, und statt die Schritte in knittrigem Samt rascheln zu lassen oder ihnen eine rutschige, gelbbraune Haut zu unterlegen, fühlt man hier nur das hohle Klacken von Absätzen auf Marmor widerhallen.

Ich merke, wie ich in der exotischen Welt, die mich

*Herbststimmung*

umgibt, nach vertrauten Zeichen des Herbstes suche. Wenn ich durch die Novembernebel gehe, erwarte ich, Novemberdinge zu sehen, und daß es nicht so ist, verwirrt mich immer noch ein wenig. Es ist nicht direkt Heimweh, denn außer in Italien (und in geringerem Maße in Venezuela) habe ich mich nirgendwo wirklich zu Hause gefühlt, und Venedig ist der einzige Ort in Italien, auf den ich mich jemals wirklich eingelassen habe, statt etwas für kurze Zeit zu mieten und dann weiterzuziehen. In Australien gaben die frühen englischen Siedler und Häftlinge den Vögeln und Pflanzen, die sie dort vorfanden, die englischen Namen englischer Dinge, um sich in ihrer fremden neuen Umgebung heimischer zu fühlen.

Herbst bringt den Einwanderer in mir zum Vorschein, ich gehe durch die engen gepflasterten Straßen, von denen noch das letzte verirrte Blatt weggefegt ist, und verzehre mich nach dem Land, den Feldern, Wäldern und Wiesen, die ich liebe; suche nach flüchtigen Bildern, um meine Erinnerungen wie Schmetterlinge in einem Kasten aufzunadeln und zu bewahren. Die immergrünen Magnolien von Sant' Elena mit ihren schraffierten Zapfen und die Giardini Pubblici sind allzusehr von Menschen gemacht, um diesem Mangel zu begegnen. Herbst in Venedig bedeutet Luft und Licht. Filigrane Nebel tasten sich in jeden erreichbaren Winkel vor. Dicke Scheuklappen aus Nebel necken und locken. Alles nimmt die Grau- und Mauvetöne von Taubenrücken an, sie legen sich erst auf die burgunderfarbenen Blätter des wilden Weins, löschen sie dann aus. Die Glyzinie, die im Frühjahr so erfreulich ist, verabschiedet sich im Herbst völlig, wirft bei der ersten böigen Meeresbrise ihre Blätter haufenweise ab.

Unter dieser venezianischen Farbpalette suche ich nach Spuren des Herbstes, wie ich ihn kenne. Die rost- und ockerfarbenen Fassaden der Paläste haben blattförmige Putzstücke verloren, andere baumeln prekär von Rissen, die sich über die Wände verästeln. Die Farben eines reifenden englischen Obstgartens finden sich in dem Orange, dem Rot und Gelb der gestapelten Pizzen in der Auslage des Bäckers auf dem Weg zu Santa Maria Formosa. In den 22 Jahren meines Reisens hatte ich immer nur im Herbst das Gefühl, daß England mir fehlt. Frage ich mich jetzt, ob ich lieber zurück in London, Schottland oder irgendwo anders in Großbritannien wäre, dann weiß ich, daß es nicht so ist. Und doch scheint es zu mir zu gehören, daß ich bestimmte Farben suche, wenn das Jahr sich dem Ende zuneigt.

Jedes Jahr, wenn mein Geburtstag näherrückt, werte und wäge ich, was ich in den vergangenen zwölf Monaten getan habe, und falle bei dieser Prüfung unweigerlich durch. Da ich im Grunde meines Herzens Optimistin bin, überrascht mich dieses Ergebnis immer wieder, trotz meiner angeborenen sporadischen Trägheit. Und so erlebe ich mich jeden Oktober besonders unzufrieden und unsicher. Ich ordne meine Manuskripte, Papiere, Briefe und Schränke, bestelle mein Haus. Als ich es das erste Mal nach meinem Umzug nach Venedig tat, merkte ich, daß ich lange Zeit nirgends lange genug gewohnt hatte, um es ordentlich zu tun. Das Treibgut vieler Familienreisen hatte endlich seinen Platz gefunden.

Venezuela ist nach Venedig benannt, und zwar aufgrund der angeblichen Ähnlichkeit der auf dem Mara-caibe-See schwimmenden Indianersiedlung mit Venedig. In Venezuela kündet jeder Mai den Beginn der Regensai-son an. Es gibt dort eine Krankheit namens Mayera, ein zehrendes Fieber, das mit diesem Monat kommt und die übrige Regenzeit mit modrigem Trübsinn belastet. Je seßhafter ich in Vendig werde, um so mehr erkenne ich, daß meine jahreszeitliche Verstimmung nur eine Laune ist und der Herbst hier, trotz seines Grau, voll unerwartet aufblitzender Euphorie, die den Himmel aufflammen läßt. Eine Wolke kann mit loderndem Vlies über den Himmel eilen wie ein Brandstifter, der die Stadt angezün-det hat, und das Feuer brennt rot in allen Fenstern. Das rote Mauerwerk glüht wie heiße Asche, die Kanäle wer-den zu geschmolzener Lava. Bei Sonnenuntergang ist San Marco fleckig, als hätten sich auf das Spitzentaschentuch seiner Fassade tausend rote Kußmünder gedrückt.

Die besten Herbstfarben, nach der schnell sinkenden Sonne und den Rotweinflecken welkender Weinblätter, sind hier die künstlichen Farben venezianischer Brokate und Samtstoffe. Dieser geknautschte Spiegelsamt wird seit dem fünfzehnten Jahrhundert in Venedig hergestellt, und viele der gedruckten und mit Säure aufgebrachten Muster gehen bis auf diese Zeit zurück. Hier werden alle Motive der Stadt geerntet, die Subtilität ihrer Farben schimmert in den gedämpften Tönen von Fischschuppen und mit der gelegentlichen Brillanz eines verirrten flie-genden Fisches. In der Frezzeria, hinter Schaufenstern, die so voll von Antiquitäten und Barock-Kuriositäten sind, daß sie an geplünderte Paläste denken lassen, fin-den sich Stapel solcher Samt- und Brokatstoffe. Rostfarbene Äpfel, Zwetschgen, Nektarinen, Oliven, Trauben und goldene Reineclauden: alle Farbschattierungen eines riesigen und verwilderten Obstgartens sind da. In eine Ecke gezwängt steht ein Ständer mit Kleidern und Mänteln aus diesen Stoffen, zum Lüften aufgehängt wie der Inhalt einer Verkleide-Truhe aus der Kindheit, die vom Dachboden eines Palastes herbeigeschleppt wurde. Es ist nur eine kurze Stange voller Sachen, aber sie bietet Stunden des Vergnügens. Jedes Mal, wenn mich Sorgen oder Schulden ungebührlich niederschlagen, gehe ich dorthin, und von dort zu einem winzigen Hutgeschäft unweit des Campo San Bartolomeo, was Gedanken befruchtet, die zu jeder Stimmung und Jahreszeit passen.

Glitzernd wie eine Schneckenspur, wenn die Sonne darauf fällt, ist Venedig voller Spuren und Fingerzeige seiner üppigen Renaissance-Vergangenheit. Diese Stadt war einmal berühmt für ihre Kurtisanen und Huren. Es gab Tausende, darunter einige mit legendärer Anmut, Schönheit und Bildung. Es war ein schwimmender Fleischbasar; ihre Gondeln waren von roten Laternen beleuchtet, ihr Ruhm verbreitete sich über die ganze westliche Welt und im Byzantinischen Reich. Um das Familienvermögen zusammenzuhalten, förderten reiche Venezianer Eheschließungen nicht. Die Mädchen wurden als Nonnen in Klöster gesteckt, deren Regeln so locker waren, daß man in der Stadt Dutzende von Waisenhäusern gründete, um ihre uneheliche Nachkommenschaft zu versorgen. Die Männer pendelten zwischen den adligen Nonnen und der Armada von Dirnen. Viele Adelsfamilien starben als Folge dieser Regelung aus; wie auch die Sitte der lockeren Frauen ausgestorben ist (obwohl die Zahl der potentiellen Kunden immens gewachsen ist). Das Erbe der Kurtisanen scheint eine Liebe zu Putzwerk zu sein, die fast an Habgier grenzt, außerdem eine angeborene Koketterie und vielleicht auch der herausfordernd starre Blick von Frau zu Frau, der in Venedig ausgeprägter ist als irgendwo sonst in Italien.

Es gibt bemerkenswert wenige ›Schöne der Nacht‹ in Venedig, wie es auch bemerkenswert wenig Gewaltverbrechen gibt. Es wimmelt von Handtaschenräubern und Taschendieben, die es herzieht wie Elstern zu einer offenen Schmuckschatulle, aber schwere Verbrechen sind selten. Trotz der vielen furchterregenden Assoziationen – dunkle Gassen, Sackgassen und Hauseingänge, in denen in der Vergangenheit Meuchelmörder gelauert haben mögen – fühle ich mich hier abends auf den Straßen vergleichsweise sicher, egal, wie spät es ist oder wie verlassen und neblig die Straßen sein mögen. Manchmal liegt im Giardini Pubblici ein Berg benutzter Nadeln, von den Drogenabhängigen der Stadt wie dünne versilberte Fischgräten zurückgelassen, aber der meiste Abfall besteht aus Aluminiumdosen, Pizzakrusten und weggeworfenen Exemplaren von ›Diese Woche in Venedig‹.

Die Stühle auf Plätzen, vor den Bars und *gelaterie* werden hereingeholt und wie Hummerkörbe aufeinandergestapelt. Die Markisen der Kolonnaden werden für den Winter fortgepackt. Die blau- weiß-gestreiften Sonnenschirme verschwinden. Die Pelargonien und Geranien werden unter Plastik erstickt, die Fensterläden der Sommerpaläste geschlossen. Die Firmen der Schönheitschirurgen kommen wieder zusammen und führen das immense Gesichts-Lifting fort; Gerüste mit eleganten

Verbindungsstücken aus Messing erheben sich und verdecken einige der ältesten und geliebtesten Fassaden. Nur der Markusdom scheint jeder jahreszeitlichen Veränderung zu trotzen. Das Schweizer Chalet, das an der Hauptfassade weit oben auf einer Plattform steht, wirkt derart dauerhaft, daß ich mich manchmal frage, ob überhaupt restauriert wird. Sollte aus dieser Holzhütte, die auf der Spitze des Doms steht, eines Tages Rauch aufsteigen, würde ich daraus lediglich schließen, daß ein findiger Venezianer dort, am besten Fleck von ganz Venedig, seine alte Mutter untergebracht und von Rom endlich die Genehmigung erhalten hätte, die holzverbrennende *stufa economica* zu installieren, an der alte Damen so hängen.

Die Spiegel schimmern wieder. Die halbsalzige Lagune könnte ebensogut ein Auffangbecken für Tränen sein. Meereswinde wehen über das Ufer, schlucken das Flüstern. Der November kommt und droht, mit seinen *acque alte* diese menschengemachte Kaprice zu schlucken. Die Venezianer schlagen ihre Mantelkragen in eleganten Winkeln hoch und hasten weiter, den Kopf gegen die beißenden Winde gesenkt, wohl wissend, daß ihre Stadt in den Augen der Welt zwar großartig sein mag, in den Augen der Adria ist sie jedoch nichts. Sie blicken an den Gerüsten hoch, die ihre schönsten Gebäude wie Schorf bedecken, zucken mit den Achseln und hasten weiter. Wie viele Menschen in den letzten Jahrhunderten haben nicht dergleichen beklagt? Henry James klagte: ›Über die Notwendigkeit von Arbeiten kann, wie ich meine, nur der Fachmann urteilen; doch es steht außer Zweifel, daß diese Notwendigkeit, sollte sie bestehen, tief bedauert werden muß. Mit keiner betrüblicheren Notwendigkeit haben Menschen von Geschmack sich in letzter Zeit abfinden müssen.‹

Alle Venezianer sind Menschen von Geschmack, man braucht nur einen Blick auf die Stadt zu werfen, die sie bauten, um dem zuzustimmen. Der Tand wurde hinzugefügt, um die Besucher zu erfreuen. Nicht die Venezianer kaufen die Millionen Masken und Gondolierehüte, und sie kaufen auch den Glasnippes nicht. Ebenso gilt, daß alle Venezianer Fachleute sind, danach muß man sie nicht erst fragen; sie sagen es einem bereits nach einem Gespräch von wenigen Minuten. Der *facchino* und der Barmann, der Schriftsteller und der Restaurateur, sie alle sind Fachleute, ebenso wie die Bauinspektoren, Stadtplaner und Architekten, die Ingenieure und Hoteliers. Die Fischer und Lotsen, Fährleute und Gondoliere, auch sie sind Fachleute, zusammen mit Ladenbesitzern und Lehrern, Priestern und Nonnen, Adligen und Bibliothekaren. Es gibt so viele Fachleute, daß sich niemand darüber einigen kann, wie die Probleme der Stadt zu lösen sind, also erweisen alle diesen Problemen knapp ihre Reverenz, um zu zeigen, daß sie deren Vorhandensein anerkennen, und sie erweisen dem Meer die pflichtschuldige Reverenz, um dessen Präsenz und unbestrittene Macht anzuerkennen, dann müssen sie eiligst weiter – sie haben irgendwo anders eine Verabredung; sie kommen zu spät. Also verabredet man ein weiteres Treffen, um erneut über diese Dinge zu diskutieren, und der Tanz geht weiter.

# NAGENDER WINTER

*Es kann so früh sein, wie es will,
es kann so feucht sein, wie es will: Die
Locken sitzen, die Nägel sind
manikürt, das Make-up hat seine ewige
Maske aufgetragen, und die
marschierenden Füße tragen perfekt
geputzte Schuhe.*

Den ganzen Dezember über verwandeln Girlanden aus roten Bändern und dunkle Baldachine aus Zypressenzweigen die Gassen in Arkaden. Anders als in den breiteren Straßen größerer Städte, wo das Kunstlicht schon durch die Weite des Raums schwächer wirkt, haftet den Dekorationen Venedigs das Flair des Selbstgemachten an, erinnern sie an Dekorationen, die große Landfamilien früher sammelten. Für Abwechslung sorgen verschiedene Arten von Nadelbäumen und deren Zapfen. Andere Orte mögen in bunten Lichtern schwelgen, doch in der Hauptstadt der Lichter und Kronleuchter, die das ganze Jahr über mit dem unglaublichsten Kitsch dekoriert ist, regiert verständlicherweise der Zauber des grünen Waldes. Wo es kein Land gibt, kann die Pflanze König sein.

Die Läden schmücken ihre niedrigen Eingangstüren mit Teilen von Weihnachtsbäumen und breiten jeden Morgen rote Läufer als improvisierte Bürgersteige aus, damit die Kunden, die die Auslagen studieren, drauftreten und sich von der Warenvielfalt, die von innen lockt, verführen lassen. Die Straßenverkäufer, die tagaus, tagein frühmorgendliche Hürden zum Ponte di Rialto hinauf bildeten, schließen und nehmen den ganzen Campo San Bartolomeo für sich in Anspruch. Handschuhe, Halstücher, Krawatten und Holzgegenstände stehen auf dem Programm. Von ihren Tischen und aus den Fässern quellen Butterstücke, Fleischklopfer und grob geschnitzte Schüsseln auf die makellos geputzten Stöckelschuhe einkaufender Glamourqueens des häuslichen Lebens.

Das eigentliche Weihnachtsfest hat hier nicht den nordischen Beigeschmack anderer Länder. Für Erwachsene ist Silvester der große Tag, die Kinder erhalten ihre Geschenke immer noch von einer überaus häßlichen alten Hexe namens La Befana, die jedem Kind ein Geschenk und ein Säckchen mit Süßigkeiten bringt. La Befana und ihre vielen Doppelgängerinnen paradieren und kichern die ganze Nacht vom fünften auf den sechsten Januar und bringen ihre Geschenke am Dreikönigstag. Daher hat Weihnachten in Venedig (wie im übrigen Italien) nur den äußeren Anstrich von Schlittenglöckchen und Rentieren. Aus Mini-Kassettenrekordern im hinteren Teil vieler Lädchen träumt Bing Crosby von einer weißen Weihnacht, vor allem aber ist es ein religiöses Fest und Anlaß für eine gewaltige Familienfeier. Traditionell hängt man einen grünen Kranz an die Eingangstür, wer möchte, kann auch Mistel- oder Stachelmyrthenzweige nehmen. Ein frischer Blumenstrauß scheint wichtiger als ein Weihnachtsbaum, auch wenn viele gekauft werden. Das strikte Ritual des Baumes wird allerdings nicht eingehalten. Manchmal werden noch im März kahle Tannen für den *spazzino* herausgestellt.

Die Vorbereitungen für den rein kommerziellen Austausch von Geschenken mögen gering sein, die Vorbereitungen für das Festmahl sind es nicht. Wie eine nahende Flut hat alles, was mit der Tafel und dem Menü zu tun hat, eine eigene, unaufhaltsame Bewegung. Auswahl und Arrangement von Tischdecken und Servietten werden zu einem größeren Problem. In Dutzenden von Metzgerläden hängen zu surrealen Ausstellungsstücken verbogene Gerippe. Kalbsköpfe, so bleich, als seien sie vom Meer angespült, glotzen dumm auf die Karotten hinunter, die man ihnen durch die Nasenlöcher gesteckt hat, während aus ihren anämischen Ohren Lorbeerblätter sprießen. Bei einem anderen Metzger sah ich gerupfte Hühner in Westchen gekleidet vom Haken baumeln. Etwas vom Geist des Karnevals fließt in jene makabren Aufbauten mit Kostümen und Masken, Federkappen und postumen Verrenkungen, die den Opfern des Festes Reverenz erweisen sollen.

Unterdessen erreicht das übliche Sichherausputzen der Feiernden neue Höhepunkte. Aus den Morgennebeln, die so geheimnisvoll auf der Lagune liegen und alles in ihr himmlisches Federbett hüllen, boxen sich Armeen makellos gepflegter Venezianer ihren Weg zur Arbeit. Es kann so früh sein, wie es will, es kann so feucht sein, wie es will: Die Locken sitzen, die Nägel sind manikürt, das Make-up hat seine ewige Maske aufgetragen und die marschierenden Füße tragen perfekt geputzte Schuhe. Etikette ist alles. Zwar ziehen die seichten Kanäle in ihrer langsamen Ebbe der Nostalgie unverändert alle mit, zu bestimmten Daten aber wird auf Vergangenheit verzichtet. Zu Weihnachten tragen alle etwas Neues. Weihnachtsgeschenke sind meist persönlicher Natur: die Menschen verwöhnen sich selbst, sie wählen und bezahlen, was sie anziehen möchten, um bei der öffentlichen Christmesse und dem privateren Festessen gut auszusehen.

Draußen auf den Inseln wird selbst die älteste und eifrigste Spitzenklöpplerin einen Nachmittag lang ihre Baumwollspindeln aus der Hand legen, um die übliche marineblaue Strickjacke zu kaufen, die früher alle Ehefrauen der Fischer trugen. In der Gegend um San Marco bewegen sich Tausende von Hausfrauen wie Hummer durch die Gassen und konkurrieren bei Metzgern, Gemüsehändlern und an Ständen um die günstigsten Angebote. Dort übersehen sie beharrlich die Schilder, die das Berühren der Waren untersagen, da sie wissen, daß sie nicht gemeint sind. Jede Mandarine, Birne, Artischocke und Sellerieknolle wird gedrückt und dann entweder gestreichelt oder verworfen. Einkaufen ist eine ernste Angelegenheit, eine Kunst, in der sich die Cleverneß von geborenen Überlebenden zeigt. Unter der obersten Schicht polierter Äpfel ist immer der eine oder andere angestoßene oder überreife. Und auch zwischen den Früchten der Saison – Mandarinen, Feigen und Walnüssen – liegen immer einige weniger gelungene Exemplare. Jede einheimische Käuferin muß ihre Früchte selbst sorgfältig auswählen, bevor sie dann mit dem fälligen Ritual beginnt und sich beim Verkäufer über Preis und Qualität beklagt.

Monatelang konnte ich durch schlichtes Brot- oder Obstkaufen abschätzen, wie sehr ich als Außenseiterin galt. Bei der ersten Berührung einer in Frage kommenden Frucht wurde ich unwirsch auf das Schild aufmerksam gemacht. Fehlte ein geschriebener Hinweis, erfolgte er mündlich. In diesem frühen Stadium aufzugeben, hätte nicht nur bedeutet, sich geschlagen zu geben, sondern auch noch verachtet zu werden. Ich sage ›auch noch‹, denn Ausländer sind automatisch Bürger dritter Klasse. Da ich nominell Engländerin bin, war ich für die Venezianer nie so potentiell schlampig wie eine Süditalienerin oder, noch schlimmer, eine Genueserin. Auf der obersten Sprosse der Lebensleiter stehen nur die Venezianer selbst. In einem komplizierten Spiel von Punkten und Lektionen erwarb ich nach und nach das Privileg, meine Einkäufe zu prüfen. Aber es gibt zahllose Kreise der Akzeptanz, und der innerste ist wenigen vorbehalten. Die Einheimischen scheinen die exorbitanten Preise von nahezu allem hier klaglos, ja unbemerkt hinzunehmen. Unbehagen und Wut richten sich auf die billigsten Waren: die scheinbar bescheidene Kiste Obst, deren Preis so ungünstig abschneidet im Vergleich zu den guten alten Tagen, als eine Familie nichts als einen Topf Suppe hatte, um den sie sich scharte.

Die Kilopreise variieren zwar immens von Geschäft zu Geschäft und von Stadtviertel zu Stadtviertel, doch sobald sie aufgeschrieben wurden, sind sie unwiderruflich. Daher wird kein Maß an Überredungskunst eine Kartoffel auch nur eine Lira billiger machen, gleichwohl werden die Szenen gespielter Überraschung und tiefen Abscheus stets aufs neue inszeniert. Ältere Venezianerinnen begrüßen einander wie balzende Vögel, ihre Einkaufsrituale spielen sich zwischen Austausch des Losungswortes und thematischer Darstellung ab. Das Klagelied über Wandel und Inflation ist das ganze Jahr über zu hören, doch das nahende Neujahrsfest – *Capodanno* – scheint alle, die alt genug dazu sind, an die Wechselfälle der letzten Jahrzehnte zu erinnern. Die Waage wird hervorgeholt, Vor- und Nachteile gegeneinander abgewogen. Das Ergebnis lautet, daß sich die Venezianer nach ihrer Vergangenheit verzehren. Das ist nicht unbedingt die glorreiche Vergangenheit der *Serenissima* oder der Herrschaft über die Meere. Vielleicht ist es nur die erinnerte Vergangenheit einer in periphere Pracht eingehüllten Kindheit. Die schwindenden Traditionen und der verblassende Glanz einer Stadt im Wohlstand.

Ich hielt mich für akzeptiert, als ich das erste Mal aufgefordert wurde zuzustimmen; zu akzeptieren, daß das Venedig, das ich nie gekannt hatte, besser sei als das Venedig, das ich kenne. Monate später begriff ich, daß ich nie weiter in das engmaschige, gestopfte Netz alter Damen vorrücken würde, als bis auf die Position des unsichtbaren Publikums ihrer Klagen. Es ist eine Stadt der Spiegel und Illusionen, der Reflexionen, die von den dahintreibenden Spiegeln der Kanäle zurückgeworfen und geschluckt werden. Manchmal hüllt einen die Anonymität, die dieser Ort erzwingt, in einen Mantel der Einsamkeit, der wie ein schweres Totenhemd lasten kann. Aber diese Anonymität bietet auch die Freiheit, zu beobachten und Überlegungen anzustellen, wie der Unsichtbare im Märchen.

In Venedig sind alle Venezianer gleich, aber manche sind gleicher. Angeborene Freude an der Stadt und Lokalstolz sind besitzergreifend. Die großen Paläste, Kirchen und Schätze gehören der Stadt und all ihren Einwohnern. Den Namen aber, die einmal das Goldene Buch zierten, ist auch in der Verehrung der Bevölkerung noch immer ein goldener Platz sicher. Ein großer und alter Name wird geachtet, selbst wenn sein Träger nur Laufbursche oder Kellner ist. Und nichts kann einen großen venezianischen Namen überbieten, der noch Wohlstand und Besitz hinter sich hat. Diese Stadt betet Gold an. Armselig tröpfelnde Dollars und Mark sind nicht zu verachten, aber die Bewunderung steigt in direktem Verhältnis zur Größe des Geldsegens. Venezianisches Gold ist wie die Quelle, wie der Ursprung des Meeres, das Geheimnis des Lebens. Daher ist Gleichheit ein relatives Geschäft, da niemand je gleichziehen kann mit jener Handvoll Familien, die den Canal Grande säumen.

Gesundheitsgefährdende Slums sind einem Gewirr kaninchenstallgroßer Appartements gewichen, jedes mehr oder weniger modernisiert. Knallbunte Kacheln spiegeln jetzt die blitzenden Resopalflächen so mancher kleinen Küche. Nachdem Henry James 1872 in Venedig gewesen war, schrieb er: ›Das Elend Venedigs liegt für alle sichtbar zu Tage; es ist Teil des Schauspiels … Die Venezianer haben wenig, was sie ihr eigen nennen könnten – kaum mehr als das bloße Privileg, ihr Leben in einer der schönsten Städte der Welt zu verbringen.‹ Und er fährt fort: ›Die Zahl der Menschen in Venedig, die offenbar nie genug zu essen haben, ist schmerzlich groß; doch es wäre noch schmerzhafter, wenn wir nicht ebenso erkennen würden, daß das überschäumende venezianische Temperament selbst mit einer Hunderation gediehe.‹

In den zwanzig Jahren, die ich hierherkomme, und mit Sicherheit in den beiden Jahren, die ich hier lebe, habe ich eher zuviel als zuwenig Lebensmittel und Kleidung gesehen, viele Kleider tragen Designerlabels, ein großer Teil des Essens ist erstklassig und teuer. Die Mietshäuser sind nicht mehr von Sumpfkrankheiten heimgesucht, es drängen sich auch keine halbverhungerten Bewohner mehr in modrige Zimmerchen. Die Armut ist verschwunden, ausgelöscht mit der Malaria und der Cholera der Vergangenheit, aber mit ihr auch so viele Söhne und Töchter der Stadt, daß die Bevölkerung in den letzten sechzig Jahren um mehr als einhunderttausend gesunken ist, und der Exodus geht weiter. Ein höherer Lebensstandard hat die Armen von der Straße gelesen, die Kinder jenseits der Lagune zerstreut, und auf diese Weise das schöne und reichverzierte Gesicht dieses schwimmenden Termitennests verändert.

Dekadenz hat die Bewohner der großartigen Paläste vertrieben, die nun leerstehen und verfallen. Manchmal wurden sie als Lagerhäuser benutzt, manchmal nicht. Paradoxerweise sind ausgerechnet die weniger ansehnlichen Gebäude dem Wohlstand zum Opfer gefallen. Die meisten Wohnungen sind jetzt klein, und die meisten sind feucht, aber sie haben Einbauküche und Zentralheizung, und statt eines Schwarms schlechtgekleideter lärmender Kinder sitzt jetzt ein einzelnes Kind wie versteinert vor einem bunten Fernsehschirm.

In diesen neuerdings getrennten Erben geht immer noch jene angeborene Schläue um, die ihre Stadt einmal groß machte. Venedig besaß die Fähigkeit, Geschäfte konsequent und ausnahmslos zum eigenen Vorteil und dem der Lagune abzuschließen, und wurde so zu einer Königin der Politik. Wenn die alten Damen Venedigs mit ihren neu vergoldeten Ketten klirren und sich nach den alten Zeiten sehnen, tun sie dies mit Blick auf ihre Ahnen. Denn jene Kaufleute, die die Truhen der gesamten Christenheit leerten und die Schätze des Byzantinischen Reichs herbeischafften, um ihre Stadt zu bereichern, könnten durchaus ihre Zweifel haben, ob diese Transaktion des zwanzigsten Jahrhunderts klug war. War es ein fairer Handel, ihre Werte für Bequemlichkeit einzutauschen? Und ist es bequem, an Händen und Füßen durch Bürokratie gebunden zu sein? Ich glaube, in Venedig hat das Wort *fair* eine andere Bedeutung. Es bedeutete vermutlich immer, daß sich die Waagschale deutlich zugunsten des Dogen neigte. Im achtzehnten Jahrhundert durften Taschendiebe, die ihre Beute den Stadtwächtern aushändigten, einen Teil davon behalten, um »eine sinnreiche, verständige, scharfsinnige Tätigkeit unter dem Volk« zu ermutigen. Ein beträchtlicher Teil von Tätigkeiten stagniert. Zu viele anonyme Spiegelungen sind fortgetrieben, nicht zum Friedhof auf San Michele, sondern auf das Festland. Das Wasser, das um das modrige Grün eines jeden Fundaments schwappt und das fremden Ohren so leise erscheint, ist wohl hin und wieder von halbersticktem Flüstern erfüllt, wie das Rufen ertrunkener Fischer, die ins Meer hinaustrieben.

Während sich die Alten mit ihren nostalgischen Klagen trösten, finden jüngere Venezianer, die den sozialen Aufstieg und einen höheren Lebensstandard aktiv anstreben, einigen Trost darin, Erfüllungsgehilfen jener Regeln und Vorschriften zu sein, die ihr Leben strangulieren. Sie können jeden Paragraphen und Unterparagraphen eines Gesetzes zitieren, als seien es städtische Litaneien. Selbst die uralten Spiele von Flucht und Überleben lassen sich mit der neuen Bürokratie spielen. Wenn man die Regeln auswendig gelernt hat, kann man sie mißachten. Es finden sich Lücken. Die Sabotage des neuen Systems ist zwingend, und sei es nur aus Gründen der Selbstachtung. Der moderne Venezianer ist Geisel zahlloser Einschränkungen und zahlloser Touristen. Gegen diese beiden Eindringlinge gibt es verschiedene Grade des Widerstands, wie auch die Stadien des Nichtwahrhabenwollens und der Gleichgültigkeit.

Venedig mag früher einmal in vielen Sparten des Handels das Monopol gehabt haben, aber es hat weder das Monopol auf Trauer noch auf Nostalgie, noch auf die Schwierigkeiten der alten Generation, mit Veränderung fertig zu werden und sie zu akzeptieren. Doch Venedig, dieser Glashersteller und Träger unzähliger Spiegel, hat etwas anderes: ein Vergrößerungsglas, das es auf sich selbst richtet und das Gutes ebenso verstärkt wie Schlechtes. Daher spüren offenbar alle, die sich an den Krieg und die Jahre davor erinnern, einen Widerhall von Bedauern, der gegen Jahresende zu einem Crescendo anschwillt. Das Fenice-Theater setzt seine Weihnachtskonzerte auf den Spielplan, die Verdi-Kirche an der Riva degli Schiavoni bietet in ihrem frostigen Inneren ihr Festprogramm, in San Marco und in allen anderen, weniger berühmten Kirchen werden Messen gesungen, während die Glocken einen eigenen Choral läuten. Die Begleitung zu diesen berühmteren Chören wird immer noch Jahr für Jahr im singenden Dialekt vorgetragen. Der Verlust von Stolz und Freiheit, ein zäher Stolz auf erinnerte Armut, verbunden mit dem Verlust des Reichs, der Macht sowie in jüngerer Zeit der Freiheit, *capocasa* (Familienoberhaupt) im eigenen Haus zu sein – all das wird von alten Männern über anscheinend zahllosen Wassergläsern Grappa betrauert, und schriller noch von den Frauen, die Kisten von Weihnachtsobst durchwühlen.

Die Morgennebel treiben und kräuseln sich weiter, hüllen Gebäude wie Menschen in ihre weichen grauen Schleier. Eines Nachts hatte ich unsere Heizung voll aufgedreht, konnte dann aber in dem erstickend subtropischen Dunst meines Schlafzimmers nicht schlafen und riß eines der Fenster weit auf. Am folgenden Morgen war mein Zimmer mit Nebelschwaden vom Kanal erfüllt. Nicht nur das Fenster und der Klosterhof davor waren durch den dichten, opalen Dunst verdeckt, sogar das Zimmer war verschwunden, und ich schwebte in einer Wolke. Diese himmlische Täuschung löste sich allerdings rasch auf durch das Tuten der Nebelhörner, die den Rio della Guerra entlangnavigierten, begleitet von den hallenden Grüßen der ersten Bootsleute, die sich unter unsichtbaren Brücken hindurchtasteten.

Im Winter ist es kalt in Venedig, die Kälte dringt ins Mark und legt sich wie eine feuchte und ungemütliche Decke auf die Knie. Ich habe mich früher immer gefragt, warum hier ein solches Interesse an Dessous, Unterwäsche, Westen und Socken herrscht. Nie zuvor habe ich so viele Geschäfte gesehen, die dergleichen verkaufen. Doch wenn man einige Monate lang gespürt hat, wie die Kälte beim Gehen unablässig von unten ins Rückenmark eindringt, wenn man gespürt hat, wie ein schleichender Frost jede Ader und jede Arterie gefrieren läßt, bis es scheint, als habe die Feuchtigkeit selbst von den Haarwurzeln Besitz ergriffen und lasse sie schmerzen, dann ist völlig klar, daß Unterwäsche der Abwehrzauber unserer Zeit ist. So wie man früher die Süßwasserquelle, die das Arsenal versorgte, rein und von Vergiftungen frei hielt, indem man zwei Rhinozerushörner hineinwarf, werden heute die Herzen aller Venezianer durch Sublimierung mit Hilfe von Wollsachen rein und von Vergiftungen durch die kriechende Feuchtigkeit frei gehalten. Wie bei allem in Venedig ist das Spektrum auch hier riesig und üppig: An dem einen Ende sind die schlichten Wolljacken, am anderen seidene Designer-Kamisole, die etwa soviel kosten wie andernorts ein Alpakamantel. Es scheint etwas in der Luft zu liegen, das Extravaganz hervorlockt; sich über seine Ausgaben Rechenschaft abzulegen, wird hier noch sinnloser als an anderen, weniger maßlosen Orten. Nichts ist vernünftig, wenn man es auf den gemeinsamen Nenner der inflationären Lira reduziert. Die Vorstellung des finanziellen Ruins ist nichts als eine verführerische Reflexion der Stadt selbst.

Aufgrund des nahenden Weihnachtsfestes macht sich Erregung breit. Der Zustand der Unsichtbarkeit ist zeitweilig beendet, statt dessen tragen alle unsichtbare Schilder um den Hals. Ich habe mich so daran gewöhnt, unerkannt die Straßen entlangzulaufen, daß es einige Zeit dauert, bis ich mich wieder gefangen habe und die Flut von *auguri* beantworten kann, die mir auch von völlig unerwarteter Seite zugerufen werden. Die Menschen gehen mehr aus sich heraus, während sie darauf warten, daß ihre Söhne vom Festland kommen und die marinierten Kapaune in der Küche durchziehen.

Auch meine Kinder sind in ihre Rolle als Quasi-Venezianer hineingewachsen. Mein Sohn gerät fast in Panik, weil er Moos für einen Schul-*presepe* (Weihnachtskrippe) besorgen muß, und er lernt seine Antworten auf die Fragen der Nonnen auswendig, während er zusammen mit seinem Freund, der dort wohnt, einen Ball gegen eine Mauer am Campo Mario Formosa prallen läßt. Meine Tochter ist unterdessen in die Pubertät hineingerutscht, sie verläßt das Schiff, flüchtet jeden Abend von der Insel und bummelt durch Mestre, Padua oder andere Orte mit Diskotheken, die von San Marco und dem Vermächtnis des toten Dogen weit entfernt sind. Insgeheim bedauert sie das und kann nicht verstehen, warum eine ganze Generation, der es vergönnt ist, an einem solch schönen Ort zu leben, sich nach der lärmenden Leere eines Beton-Dschungels sehnt. Doch ihre Altersgenossen behaupten, Venedig sei im Winter langweilig, sie fahren aufs Festland, sooft sie können. Daher ziehen sie umher, im Sommer besiedeln sie die Stadt und die Inseln, im Winter machen sie sich davon. Jede Woche wird sie eingeladen, den Winter in Thailand zu verbringen; ein Drittel ihrer Freunde ist dorthin verschwunden, bis im April die Touristen und die Jobs wiederkommen.

Während unserer Jahre in Ligurien und Siena lebten wir unnatürlich nah beisammen, da Umstände und die geographische Isolation winziger Dörfer uns zwangen, ständig zusammenzusein, nun hat Venedig einen schmalen Keil zwischen uns geschoben, unserer Familie seine Einsamkeit auferlegt. Vielleicht wappnet uns das für die Zeit, wenn der Exodus auch unsere Kinder stehlen wird, wie er die Kinder aller stiehlt.

Trotz des rasch näherrückenden Termins finden sich gegen Jahresende weniger Hinweise auf den Karneval als zu jeder anderen Zeit. Selbst Weihnachten scheint nahezu ein privates Fest, das ausdrücklich zum besonderen Vergnügen dieser Stadt erdacht wurde. Die Tage sind meist dunkel, wenn auch von hellen Lampen und Fen-

*Winter auf der Piazetta*

stern erleuchtet. Die Merceria ist nicht mehr ›dank ihrer Lieblichkeit eine der köstlichsten Straßen der Welt‹, und sie ist auch nicht ›mit Goldbrokat behangen‹, aber die Parfümerien und Apotheken, Blumenläden und die geballte Menge anderer Geschäfte, alle mit Tannengrün behangen, erzeugen ein Gefühl magischer Veränderung. Nachtigallen in Käfigen, von denen John Evelyn 1645 schrieb, man halte sie, ›um einen von Geschäft zu Geschäft mit ihren Melodien zu erquicken‹, sind dem weniger edlen Geschlecht der Kanarienvögel und dem aufgeregten Gemurmel zufälliger Begegnungen gewichen. Ich kann die Atmosphäre in der Merceria nicht mehr mit den Worten beschreiben, daß ›man die Augen schließt und sich auf dem Lande wähnen, wo man doch inmitten des Meeres ist‹. Aber keine andere Stadt, ob groß oder klein, fühlt sich an wie Venedig. Das Staunen, das sich beim ersten Besuch einstellt, läßt nicht nach. Es scheint sich vielmehr unter die Haut zu bohren.

Die *Serenissima* ist maskiert und mysteriös; wenn sie gelegentlich die Maske fallen läßt oder den Schleier lüpft, fühle ich mich begünstigt. Bei meinem ersten Weihnachtsfest hier schien es nur selbstverständlich, daß ich mich an der Peripherie ihrer Rituale und Geheimnisse herumdrückte und ihre Festtage mit Freunden und Verwandten beging. Ich bin ein Voyeur ihrer Schönheit. Je länger ich bleibe, um so mehr sehe ich, und doch bin ich immer noch Voyeur, ich genieße einfach den Vorteil der Unsichtbarkeit oder vielmehr der uniformen Anonymität im Schutz eines langen Karnevalcapes. Bei meinem zweiten Weihnachtsfest hier schien es ebenso selbstverständlich, daß es uns gelang, in einige der schönsten

Paläste am Canal Grande hineinzuschlüpfen, wo wir Kapaune und Kastanien aßen, die livrierte Diener mit weißen Handschuhen auf handbemaltem Meißner Porzellan servierten. Ich hatte Byrons exotische Lieblingsorte in Venedig schon lange von außen bewundert, mit ihren Legenden von Wölfen und dem Gefolge extravaganter Anhänger. Als ich mich im Inneren wiederfand, als ich den grünen trompe-l'œil-Marmor seines Zimmers und die ineinander übergehenden Korridore und Salons sah, die sich von ihm aus wie Ballen edler Seide entrollten, schien auch das selbstverständlich – für Venedig. Dies ist ein Ort, um Phantasien zu frönen.

›Sie leben wirklich in Venedig?‹ wurde ich immer wieder gefragt. ›Hier im *centro storico*? Wo waren Sie? Wie kann es sein, daß ich Sie noch nie gesehen habe?‹ Ich war Außenseiterin, unsichtbar. Wir gehen in die gleichen Restaurants, besuchen dasselbe Theater und dieselben Konzerte. Jeden Tag werden einige von uns im Café Florian wie nicht entschlüsselte Chiffren aneinander vorübergegangen sein. Selbst während der österreichischen Besatzung, als die Stadt von Haß gespalten war und die beiden Parteien sich auf jede Weise getrennt hielten, war das Café Florian Niemandsland, neutrales Gebiet, für beide unentbehrlich.

Zwei Tage vor Weihnachten bin ich in einem anderen Palast, bei einem Fest für etwa zweihundert Gäste, und mir schwirrt der Kopf vor Cocktails und dem Übermaß dekorierter Speisen. Jedes Mal, wenn die Gruppe, mit der ich kam, sich verliert, versuche ich sie wiederzufinden und durchstreife Dutzende ineinander übergehende Räume, jeder ebenso reich ausgestattet wie Aladins

Höhle. ›Mögen Sie Tiepolo?‹ Ich nicke, mein neuer Bekannter schaut sich nickend in der großen Halle um, in der wir stehen, und ich sehe, was mir in der vollen Stunde, die ich schon hier bin, entgangen war. Der ganze Raum ist mit Tiepolo-Fresken geschmückt. Allmählich rollen Einladungen wie eine Flutwelle heran. Ich halte immer mehr Visitenkarten und Telefonnummern in der Hand. Ich betrachte Tiepolos Affen und seinen Papagei, behalte sie in meinem Kopf, während ich mir den Weg durch die Ausstattungsgegenstände aus Jahrhunderten bahne, die sich den Treppenaufgang teilen. Es gibt Sänften und Privatgondeln, Flaggen und Statuen. Bis wir zu Hause sind, ist es drei Uhr. Ein bedeutender russischer Dichter hat am Campo San Stefano unter dem Sternenhimmel Thomas Hardy rezitiert, und jetzt gehen wir, ein betrunkenes Quartett, nach Hause in die Calle San Antonio zum Tanzen.

Eine Stimme in meinem Kopf ist unentwegt wispernd mit Nachäffen und Kreischen befaßt, erweckt so Tiepolos Fresko-Tiere zum Leben, ein Gedanke, der mich eigenartig wärmt. Wo *war* ich nur mein ganzes Leben? Es kommt mir vor, als seien all meine Augenblicke vertan – bis jetzt.

# EPILOG

*Vieles hier ist wie eine kandierte
Südfrucht: Innen wie außen.
Das Außen ist da, damit alle über
ihre zuckrige Oberfläche kriechen,
sie wird schnell klebrig und
fängt die reisende Ameise in ihrer
sirupgleichen Süße.*

Die *Serenissima* nach Jahreszeiten zu betrachten ist nichts anderes als das Betrachten von Kosmetik; Puder, Farbe, Rouge, Perücken und Kostüme sind alles, was sich in dieser Stadt ändert, die von ihrer Architektur beherrscht wird. Über die Jahrhunderte wurde hier nahezu nichts entweiht und wenig zerstört; die Bewohner Venedigs haben große Ehrfurcht vor ihrer Stadt. Nun werden sie durch kommunale Gesetze und Vorschriften dazu gezwungen, aber jahrhundertelang war dies nicht der Fall, und doch blieb die Stadt unbeschadet. In den Jahren der Vernachlässigung, als viele große Paläste und Kirchen verfielen und eher das Gewand greiser Grandes Dames trugen als das von Hofdamen der Beherrscherin der Adria, war Venedig zumindest eine vielgeliebte alte Dame, sie empfing immer noch ihre Liebhaber, zog sie immer noch in ihren Bann. Unter der faltigen Maske ist sie nahezu unverändert geblieben.

Kaum haben ihre Bewunderer sie verlassen, sind sie der Ansicht, sie habe sich sehr zu ihrem Nachteil verändert, sie habe Charme, Schönheit, Liebreiz und Geheimnis verloren, wie es ehemaligen Geliebten in den Augen ihrer früheren Partner eben widerfährt – ich selbst werte dies als Beweis ihrer Liebe zu dieser Stadt. Venedig ist eher tolerant als gastfreundlich. Die arrogante Indifferenz vieler, die in der Touristenbranche arbeiten oder in irgendeiner öffentlichen Funktion der Bevölkerung dienen, hat nichts Schmeichlerisches oder gar Freundliches.

Es ist, als genügte die natürliche Pracht der Stadt und als ließe eine Prise Höflichkeit den Zeiger der Waage allzusehr zu eigenen Gunsten ausschlagen. Vieles hier ist wie eine kandierte Südfrucht: innen wie außen. Das Außen ist da, damit alle über ihre zuckrige Oberfläche kriechen, sie wird schnell klebrig und fängt die reisende Ameise in ihrer sirupgleichen Süße. Mit Geld oder Einfluß läßt sich ein Lecken an der Schale kaufen, manchmal sogar ein Krümel oder ein ameisengroßer Bissen, die Frucht selbst jedoch, die atemberaubend wunderbare Frucht, ist im Inneren immer noch unversehrt und nur der Kolonie von Insekten zugänglich, die darin leben. Und selbst da gibt es noch den undurchdringlichen Kern der inneren Samenkapsel, die eine Schatzkammer hybrider, unfruchtbarer Samen schützt.

Frage ich mich, wo ich in dieser Frucht bin, dann muß die Antwort lauten, daß ich irgendwo direkt unter der Schale lebe, von Geruch, Geschmack und Gefühl der Frucht umhüllt. Manchmal gelingt es mir, weiter in Richtung des Innersten zu blicken, meist aber purzele ich rein aus Unerfahrenheit zurück in den süßen Morast des kandierten Fruchtfleisches.

Pietro Aretino schrieb, vor fast fünfhundert Jahren: »Wäre das Irdische Paradies, wo Adam mit Eva wohnte, wie Venedig gewesen, ich glaube, es wäre Eva schwergefallen, ihn mit einer Feige hinauszulocken. Denn Venedig zu verlieren, wo es so viele wunderbare Dinge gibt, wäre etwas anderes gewesen als einen Ort zu verlieren, der nichts hat als Feigen, Melonen und Trauben.«

Es ist immer noch schwer, Venedig zu verlassen, und nicht viel vermag einen fortzulocken. Wer doch geht, verläßt die Stadt oft weniger, weil er hinausgelockt, als vielmehr, weil er hinausgestoßen wurde. Die Sorge um den Exodus und das Schwinden der Bevölkerung wächst rapide. Wie ein Rinnsal, das gegen die Flut läuft, ist meine Familie größer geworden. Wenn ich mir in diesem Sommer den Weg durch das Gedränge in den Straßen bahne, trage ich auch Gepäck, und zwar in Form eines Korbes, in dem meine neugeborene Tochter liegt. Ich wage nicht, sie direkt im Arm zu tragen – man würde sie herausschubsen und -knuffen –, daher trägt sie eine Korbrüstung, die sie vor der unbeabsichtigten Gewalt der Menge schützt.

Ich habe mit ihr auf dem Markusplatz gesessen, bin der Sonne gefolgt, indem ich im Café Lavena von einer Seite auf die andere und dann hinüber zum Café Florian wechselte, und ich habe mich gefragt, was sie von Venedig halten wird, wenn sie älter ist.

Bevor ich die Stadt kannte, glaubte ich, es sei das Staunen, das Einheimische von den anreisenden Liebhabern unterscheidet. Jetzt weiß ich, daß das Staunen allgemein ist, und meine kleine Tochter wird es vermutlich auch spüren. Doch während ich mich in Venedig einkaufen und für meine Aufenthaltsgenehmigung endlos herumrennen mußte, wird sie immer zu diesem Teil Italiens gehören, und ihr Name ist nur eine weitere Eintragung in bereits existierenden Dokumenten.

Diese Stadt hat Einwanderer immer toleriert. Juden,

Griechen, Armenier, Mauren und Türken, sie alle gründeten hier Kolonien. Hier entstand das allererste Ghetto, und obwohl es Beschränkungen gab, wurde es nicht zum Schauplatz von Greueltaten. Seine drei Sektionen sind bis heute erhalten und zeugen vom relativen Wohlstand seiner Bewohner. Verfolgung war im wesentlichen jenen vorbehalten, die dem Staat die Loyalität verweigerten.

In den ersten beiden Jahren, in denen ich hier wohnte, konnte ich mich nicht überwinden fortzufahren; jetzt, wo ich mich heimischer fühle und meine Loyalität gesichert ist, verreise ich sehr viel mehr, wie auch viele meiner venezianischen Freunde reisen.

Ich habe in diesem Hydrokultur-Treibhaus Wurzeln geschlagen, und wenn ich fortfahre und zurückkehre, habe ich jedesmal ein eigenartiges Gefühl: das Verlangen, hier zu sein, die Sehnsucht, zurückzukehren. Ich stelle es mir als venezianischen Dolch vor, der schon in mir steckt. Fortgehen hieße, den Griff abbrechen; bleiben bedeutet zu lernen, mit dem Unbehagen einer Glasscherbe im Fleisch zu leben.

## Zu dieser Ausgabe

insel taschenbuch 2609: Der Text des vorliegenden Bandes folgt der Ausgabe des im Insel Verlag erschienenen Titels: Lisa St Aubin de Terán, Venedig. Die vier Jahreszeiten. Aus dem Englischen von Ebba D. Drolshagen. Titel der Originalausgabe: Venice – The Four Seasons. Text: Copyright © Lisa St Aubin de Terán 1992. The moral right of the Author has been asserted. Fotonachweis: Bruno Barbey/Magnum/Focus: 65 · Raffaele Celentano/laif: 16, 76 · Thomas Ernsting/Bilderberg: 4, 96 · Alain Guillou/Focus: 104, 120 · Dieter Klein/laif: 8, 44 · P.S. Kristensen/laif: 20, 124 · G. Pinkhassov/Magnum/Focus: 56 · Fulvio Roiter: Umschlagfoto · Helga Sittl/Focus: 72 · Mark E. Smith/Colophon: 60 · F. Zanettini/laif: 28 · Alle anderen Bilder stammen aus dem Archiv des Insel Verlags.

## Literarische Reisebegleiter
## im insel taschenbuch
## Eine Auswahl

**Athen.** Literarische Spaziergänge. Herausgegeben von Paul Ludwig Völzing. it 2505. 314 Seiten

**Berlin.** Literarischer Führer von Fred Oberhauser und Nicole Henneberg. Mit Abbildungen. it 2177. 517 Seiten

**Budapest.** Ein literarisches Porträt. Herausgegeben von Wilhelm Droste, Susanne Scherrer und Kristin Schwamm. Mit Fotografien. it 1801. 283 Seiten

**Dublin.** Ein literarisches Porträt. Herausgegeben von Else-marie Maletzke. Mit Abbildungen. it 1870. 385 Seiten

**Granada.** Ein literarisches Porträt. Herausgegeben von Nina Koidl. Mit Fotografien. it 2635. 200 Seiten

**Lissabon.** Ein Städte-Lesebuch. Herausgegeben von Ellen Heinemann. it 2106. 390 Seiten

**London.** Literarische Spaziergänge. Herausgegeben von Harald Raykowski. it 2554. 272 Seiten

**Madrid.** Ein literarisches Porträt. Herausgegeben von Elke Wehr. Mit Abbildungen. it 1981. 272 Seiten

**Venedig.** Der literarische Führer. Herausgegeben von Doris und Arnold E. Maurer. Mit Fotografien. it 1413. 188 Seiten

**Das Engadin. »Glühend in allen Farben«.** Porträt einer Landschaft. Herausgegeben von Susanne Gretter. Mit Fotografien. it 2199. 280 Seiten

**Dietmar Grieser.** Große historische Straßen. Von der Via Appia bis zur Avus. Eine kunsthistorische Spurensuche. Mit Fotografien. it 1974. 130 Seiten

**Dietmar Grieser.** Im Rosengarten. Eine literarische Spurensuche in Südtirol. Mit Abbildungen. it 2509. 245 Seiten

**Dietmar Grieser.** Nachsommertraum im Salzkammergut. Eine literarische Spurensuche. Mit Abbildungen. it 1848. 262 Seiten

**Victor Hehn.** Olive, Wein und Feige. Kulturhistorische Skizzen. Mit Abbildungen. Herausgegeben von Klaus von See und Gabriele Seidel-Leimbach. it 1427. 152 Seiten

**Mit Rilke durch die Provence.** Herausgegeben von Irina Frowen. Mit Fotografien von Constantin Beyer. it 2148. 126 Seiten

**Toskana.** Ein literarisches Landschaftsbild. Herausgegeben von Andreas Beyer. Mit Fotografien von Loretto Buti. it 926. 265 Seiten

**Mit Fontane durch England und Schottland.** Herausgegeben von Otto Drude. Mit Fotografien von Christel Wollmann-Fiedler. it 2222. 194 Seiten

**Mit Fontane durch Frankreich und Flandern.** Herausgegeben von Otto Drude. Mit Fotografien von Christel Wollmann-Fiedler. it 2647. 144 Seiten

NF 31/2/5.00

**Georg Forster.** Reise um die Welt. Herausgegeben und mit einem Nachwort von Gerhard Steiner. it 757. 1039 Seiten

**Hermann Hesse.** Tessin. Betrachtungen, Gedichte und Aquarelle des Autors. Herausgegeben und Nachwort von Volker Michels. it 1494. 314 Seiten

**Mit Hermann Hesse durch Italien.** Ein Reisebegleiter durch Oberitalien. Herausgegeben von Volker Michels. it 1120. 215 Seiten

**Mit Hermann Hesse reisen.** Betrachtungen und Gedichte Herausgegeben von Volker Michels. it 1242. 432 Seiten

**Erhart Kästner.** Griechische Inseln. Aufzeichnungen aus dem Jahre 1944. Nachwort von Heinrich Gremmels. it 118. 166 Seiten

**Erhart Kästner.** Kreta. Aufzeichnungen aus dem Jahre 1943. Nachwort von Heinrich Gremmels. it 117. 264 Seiten

**Erhart Kästner.** Ölberge, Weinberge. Ein Griechenland-Buch. Mit Zeichnungen von Helmut Kaulbach. it 55. 262 Seiten

**Erhart Kästner.** Die Stundentrommel vom heiligen Berg Athos. it 56. 325 Seiten

**Wolfgang Koeppen.** Die Erben von Salamis oder Die ernsten Griechen. Mit Fotografien. it 2401. 80 Seiten

**Kalifornien.** Ein Reiselesebuch. Herausgegeben von Herbert Genzmer. Mit Fotografien. it 2636. 220 Seiten

**Harald Keller.** Die Kunstlandschaften Italiens. Mit Abbildungen. it 1576. 1110 Seiten

**Harry Graf Kessler.** Notizen über Mexiko. Herausgegeben von Alexander Ritter. Mit Abbildungen. it 2176. 182 Seiten

**Wolfgang Koeppen.** Reisen nach Frankreich.
Mit Fotografien von Angelika Dacqmine. it 2218. 170 Seiten

**Literarischer Führer durch Italien.** Ein Insel-Reise-Lexikon Herausgegeben von Doris und Arnold E. Maurer. Mit Abbildungen. it 1071. 551 Seiten

**Mallorca.** Ein literarisches Porträt. Herausgegeben von Sieglinde Oehrlein. Mit Fotografien. it 1931. 197 Seiten

**George Sand.** Ein Winter auf Mallorca. Übersetzt von Maria Dessauer. it 2102. 220 Seiten

**Mexiko.** Ein literarisches Porträt. Herausgegeben von Roland Motz. Mit Fotografien. it 1985. 280 Seiten

**Reisen mit Odysseus.** Zu den schönsten Inseln, Küsten und Stätten des Mittelmeers. Von Ernle Bradford.
it 2508. 280 Seiten

**Sizilien.** Literarisches Landschaftsbild. Herausgegeben von Ralf Nestmeyer. Mit Fotografien. it 2637. 220 Seiten

**Tunesien.** Ein literarisches Porträt. Herausgegeben von Hans-Ulrich Wagner. Mit Fotografien. it 1802. 214 Seiten

## Italienische Literatur
## im insel taschenbuch

**Pietro Aretino.** Die Gespräche des göttlichen Pietro Aretino.
Übertragen von Heinrich Conrad. it 2570. 532 Seiten

**Die Blümlein des heiligen Franziskus von Assisi.** Übersetzt
nach der Ausgabe der Tipografia Metastasio, Assisi 1901, von
Rudolf G. Binding. Mit Initialen von Carl Weidemeyer.
it 48. 266 Seiten

**Cesare Beccaria.** Über Verbrechen und Strafen. Nach der
Ausgabe von 1766 übersetzt und herausgegeben von Wilhelm
Alff. it 2166. 188 Seiten

**Giuseppe Gioacchino Belli.** Die Wahrheiten des G. G. Belli.
Römer, Huren und Prälaten. Eine Auswahl seiner frechen
und frommen Verse. Vorgestellt und übertragen von Otto
Ernst Rock. it 754. 345 Seiten

**Giovanni di Boccaccio.** Das Dekameron. Mit Holzschnitten
der italienischen Ausgabe von 1492. Übersetzt von Albert
Wesselski. Mit einer Einleitung von André Jolles.
it 2577. 1072 Seiten

**Giovanni di Boccaccio.** Erotische Geschichten. Ausgewählt
aus dem Dekameron und übertragen von Albert Wesselski
Großdruck. it 2383. 136 Seiten

**Roberto Calasso.** Die Hochzeit von Kadmos und Harmonia.
Übersetzt von Moshe Kahn. it 1476. 434 Seiten

**Casanova-Geschichten.** Ausgewählt von Eckart Kleßmann.
it 2117. 361 Seiten

NF 9/1/2.00

**Leben des Benvenuto Cellini florentinischen Goldschmieds und Bildhauers.** Von ihm selbst geschrieben, übersetzt und mit einem Anhange herausgegeben von Johann Wolfgang Goethe. Mit einem Nachwort von Harald Keller. it 525. 559 Seiten

**Carlo Collodi.** Pinocchios Abenteuer. Übersetzt von Heinz Riedt. Zweisprachige Ausgabe. it 1516. 367 Seiten

**Dante.** Die Göttliche Komödie. Mit 50 Holzschnitten von Botticelli. Deutsch von Friedrich Freiherr von Falkenhausen it 94. 686 Seiten

**Dante und die Göttliche Komödie.** Von Olof Lagercrantz. Übersetzt von Gisbert Jänicke. it 2159. 296 Seiten

**Niccolò Machiavelli.** Discorsi. Über Staat und Politik. Übersetzt von Friedrich von Oppeln-Bronikowski. Herausgegeben von Horst Günther. it 2551. 528 Seiten

**Niccolò Machiavelli.** Der Fürst. Übersetzt von Friedrich von Oppeln-Bronikowski. Mit einem Nachwort von Horst Günther. it 1207. 166 Seiten

**Machiavelli für Manager.** Sentenzen. Ausgewählt von Luigi und Elena Spagnol. it 1733. 109 Seiten

**Michelangelo.** Sämtliche Gedichte. Italienisch und deutsch. Herausgegeben und übertragen von Michael Engelhard. it 2299. 444 Seiten

**Francesco Petrarca.** Dichtungen. Briefe. Schriften. Auswahl und Einleitung von Hanns W. Eppelsheimer. it 486. 218 Seiten

**Francesco Petrarca.** Die schönsten Liebesgedichte. Italienisch und deutsch. Übersetzt, erläutert und mit einem Nachwort von Jürgen von Stackelberg. it 1976. 132 Seiten

**Giovanni Verga.** Auf den Straßen. Novellen. Übersetzt von Gesa Schröder. it 2638. 128 Seiten

**Giovanni Verga.** Die Malavoglia. Der Untergang einer sizilianischen Familie. Übersetzt und mit einem Nachwort von René König. it 2720. 336 Seiten

## »Freude am Garten«
## im Insel Verlag
## Eine Auswahl

**Alpenblumen im Frühling.** Nachwort und kolorierte Holz-schnitte von Josef Weisz. Erläuterungen von Gerd Müller. IB 1142.

**Elizabeth von Arnim.** Elizabeth und ihr Garten. Aus dem Englischen von Adelheid Dormagen. Leinen. 140 Seiten. it 2291. 131 Seiten

**Bäume.** Gedichte und Prosa. Ausgewählt von Gottfried Honnefelder. it 1811. 282 Seiten

**Marianne Beuchert.** Gärten am Reiseweg. Von Irland bis Portugal. 240 Seiten. Gebunden

**Marianne Beuchert.** Die Gärten Chinas. it 2195. 280 Seiten

**Marianne Beuchert.** Symbolik der Pflanzen. Von Akelei bis Zypresse. Leinen. 380 Seiten

**José Maria Eça de Queiroz.** Die Rose. Mit zehn farbigen Bildern von Marion Nickig. IB 1177. 55 Seiten

**Esther Gallwitz.** Kleiner Kräutergarten. Kräuter und Blumen bei den Alten Meistern im Städel. it 1818. 257 Seiten

**Esther Gallwitz.** Ein wunderbarer Garten. Die Pflanzen des Genter Altars. it 1853. 197 Seiten

**Esther Gallwitz.** Schneewittchens Apfel. Pflanzen in Grimms Märchen. Mit farbigen Aquarellen von Maria-Therese Tietmeyer. it 2530. 180 Seiten

**Das Gartenbuch.** Herausgegeben von Hans Bender. it 1803. 273 Seiten

**Manuel Gasser.** Kräutergarten. it 2258. 120 Seiten

**Mit Goethe durch den Garten.** Ein ABC für Gartenfreunde. Herausgegeben von Claudia Schmölders. Illustrationen von Hans Traxler. it 1211. 137 Seiten

**Hinter Mauern ein Paradies.** Der mittelalterliche Garten. Herausgegeben von Peter C. Mayer-Tasch/Bernd Mayer-hofer. IB 1184. 111 Seiten

**Das kleine Baumbuch.** Die deutschen Waldbäume. Geleit-wort von Friedrich Schnack. Bilder von Willi Harwerth. IB 316. 56 Seiten

**Luzie Krolow.** Gartenzauber. 32 Blumen- und Kräuterminia-turen. it 1718. 142 Seiten

**Lektüre im Garten.** Betrachtungen, Geschichten und Gedichte. Auswahl von Franz-Heinrich Hackel. it 2203. 280 Seiten

**Katherine Mansfield.** Das Gartenfest und andere Erzählun-gen. Aus dem Englischen von Heide Steiner. it 1724. 232 Seiten

**Anna Pavord.** Die Tulpe. Eine Kulturgeschichte. Aus dem Englischen von Sven Dörper und Thomas Wollermann. Mit farbigen Abbildungen. 439 Seiten. Gebunden

**Hermann Fürst von Pückler-Muskau.** Andeutungen über Landschaftsgärtnerei. Herausgegeben von Günter J. Vaupel. it 1024. 377 Seiten

**Rainer Maria Rilke.** In einem fremden Park. Gartengedichte. Mit Fotografien von Marion Nickig. Zusammengestellt von Marianne Beuchert. IB 1129. 77 Seiten. it 1820. 77 Seiten.

**Die Rose.** Gedichte und Prosa. Ausgewählt von Beatrix Müller-Kampel. Mit farbigen Fotografien. it 2619. 187 Seiten

**Roter Mohn.** Texte und Bilder. Auswahl und Nachwort von Gisela Linder. IB 1183. 72 Seiten

**Johannes Roth.** Gartenlust. Mit farbigen Fotografien von Marion Nickig. it 1390. 249 Seiten

**Johannes Roth.** Gartenlust-Kalender. Immerwährender Kalender. it 2210. 160 Seiten

**Johannes Roth.** Die neue Gartenlust. Mit farbigen Fotografien von Marion Nickig. it 1571. 166 Seiten

**Die vier Jahreszeiten.** Gedichte und Prosa. Vier Bände in Kassette oder einzeln:
Das Frühlingsbuch. Herausgegeben von Hans Bender und Nikolaus Wolters. it 914. 233 Seiten
Das Sommerbuch. Herausgegeben von Hans Bender.
it 847. 230 Seiten
Das Herbstbuch. Herausgegeben von Hans Bender.
it 657. 262 Seiten
Das Winterbuch. Herausgegeben von Hans Bender und Hans Georg Schwark. it 728. 252 Seiten

# Hermann Hesse
## im Insel Verlag

**Bäume.** Betrachtungen und Gedichte. Mit farbigen Fotografien Imme von Techentin. Herausgegeben von Volker Michels. it 2378. 184 Seiten

**Freude am Garten.** Betrachtungen, Gedichte und Fotografien. Herausgegeben und mit einem Nachwort versehen von Volker Michels. it 2204. 240 Seiten

**Im Garten.** Betrachtungen und Gedichte. Auswahl und Nachwort von Volker Michels. it 1329. 240 Seiten

**Stunden im Garten. Der lahme Knabe.** Zwei Idyllen. Mit Zeichnungen von Gunter Böhmer. IB 999. 124 Seiten

NF 56/4/2.01